DIE FEHLLEISTUNGEN

VORLESUNGEN ZUR EINFÜHRUNG IN DIE PSYCHOANALYSE

SIGMUND FREUD

FV EDITIONS

EINLEITUNG

Meine Damen und Herren! Ich weiß nicht, wieviel die einzelnen von Ihnen aus ihrer Lektüre oder vom Hörensagen über die Psychoanalyse wissen. Ich bin aber durch den Wortlaut meiner Ankündigung – Elementare Einführung in die Psychoanalyse – verpflichtet, Sie so zu behandeln, als wüßten Sie nichts und bedürften einer ersten Unterweisung.

Soviel darf ich allerdings voraussetzen, daß Sie wissen, die Psychoanalyse sei ein Verfahren, wie man nervös Kranke ärztlich behandelt, und da kann ich Ihnen gleich ein Beispiel dafür geben, wie auf diesem Gebiet so manches anders, oft geradezu verkehrt, vor sich geht als sonst in der Medizin. Wenn wir sonst einen Kranken einer ihm neuen ärztlichen Technik unterziehen, so werden wir in der Regel die Beschwerden derselben vor ihm herabsetzen und ihm zuversichtliche Versprechungen wegen des Erfolges der Behandlung geben. Ich meine, wir sind berechtigt dazu, denn wir steigern durch solches Benehmen die Wahrscheinlichkeit des Erfolges. Wenn wir aber einen Neurotiker in psychoanalytische Behandlung nehmen, so verfahren wir anders. Wir halten ihm die Schwierigkeiten der Methode vor, ihre Zeitdauer, die Anstrengungen und die Opfer, die sie kostet, und was den Erfolg anbelangt, so sagen wir, wir können ihn nicht sicher versprechen, er hänge von seinem Benehmen ab, von seinem Verständnis, seiner Gefügigkeit, seiner Ausdauer. Wir haben natürlich gute Motive für ein anscheinend so verkehrtes Benehmen, in welche Sie vielleicht später einmal Einsicht gewinnen werden.

Seien Sie nun nicht böse, wenn ich Sie zunächst ähnlich behandle wie diese neurotischen Kranken. Ich rate Ihnen eigentlich ab, mich ein zweites Mal anzuhören. Ich werde Ihnen in dieser Absicht vorführen, welche Unvollkommenheiten notwendigerweise dem Unterricht in der Psychoanalyse anhaften und welche Schwierigkeiten der Erwerbung eines eigenen Urteils entgegenstehen. Ich werde Ihnen zeigen, wie die ganze Richtung Ihrer Vorbildung und alle Ihre Denkgewohnheiten Sie unvermeidlich zu Gegnern der Psychoanalyse machen müßten und wieviel Sie in sich zu überwinden hätten, um dieser instinktiven Gegnerschaft Herr zu werden. Was Sie an Verständnis für die Psychoanalyse aus meinen Mitteilungen gewinnen werden, kann ich Ihnen natürlich nicht vorhersagen, aber soviel kann ich Ihnen versprechen, daß Sie durch das Anhören derselben nicht erlernt haben werden, eine psychoanalytische Untersuchung vorzunehmen oder eine solche Behandlung durchzuführen. Sollte sich aber gar jemand unter Ihnen finden, der sich nicht durch eine flüchtige Bekanntschaft mit der Psychoanalyse befriedigt fühlte, sondern in eine dauernde Beziehung zu ihr treten möchte, so werde ich ihm nicht nur abraten, sondern ihn direkt davor warnen. Wie die Dinge derzeit stehen, würde er sich durch eine solche Berufswahl jede Möglichkeit eines Erfolges an einer Universität zerstören, und wenn er als ausübender Arzt ins Leben geht, wird er sich in einer Gesellschaft finden, welche seine Bestrebungen nicht versteht, ihn mißtrauisch und feindselig betrachtet und alle bösen, in ihr lauernden Geister gegen ihn losläßt. Vielleicht können Sie gerade aus den Begleiterscheinungen des heute in Europa wütenden Krieges eine ungefähre Schätzung ableiten, wieviele Legionen das sein mögen.

Es gibt immerhin Personen genug, für welche etwas, was ein neues Stück Erkenntnis werden kann, trotz solcher Unbequemlichkeiten seine Anziehung behält. Sollten einige von Ihnen von dieser Art sein und mit Hinwegsetzung über meine Abmahnungen das nächste Mal hier wieder erscheinen, so werden Sie mir willkommen sein. Sie haben aber alle ein Anrecht darauf zu erfahren, welches die angedeuteten Schwierigkeiten der Psychoanalyse sind.

Zunächst die der Unterweisung, des Unterrichts in der Psychoanalyse. Sie sind im medizinischen Unterricht daran gewöhnt worden zu sehen. Sie sehen das anatomische Präparat, den Niederschlag bei der chemischen Reaktion, die Verkürzung des Muskels als Erfolg der Reizung seiner Nerven.

Später zeigt man Ihren Sinnen den Kranken, die Symptome seines Leidens, die Produkte des krankhaften Prozesses, ja in zahlreichen Fällen die Erreger der Krankheit in isoliertem Zustande. In den chirurgischen Fächern werden Sie Zeugen der Eingriffe, durch welche man dem Kranken Hilfe leistet, und dürfen die Ausführung derselben selbst versuchen. Selbst in der Psychiatrie führt Ihnen die Demonstration des Kranken an seinem veränderten Mienenspiel, seiner Redeweise und seinem Benehmen eine Fülle von Beobachtungen zu, die Ihnen tiefgehende Eindrücke hinterlassen. So spielt der medizinische Lehrer vorwiegend die Rolle eines Führers und Erklärers, der Sie durch ein Museum begleitet, während Sie eine unmittelbare Beziehung zu den Objekten gewinnen und sich durch eigene Wahrnehmung von der Existenz der neuen Tatsachen überzeugt zu haben glauben.

Das ist leider alles anders in der Psychoanalyse. In der analytischen Behandlung geht nichts anderes vor als ein Austausch von Worten zwischen dem Analysierten und dem Arzt. Der Patient spricht, erzählt von vergangenen Erlebnissen und gegenwärtigen Eindrücken, klagt, bekennt seine Wünsche und Gefühlsregungen. Der Arzt hört zu, sucht die Gedankengänge des Patienten zu dirigieren, mahnt, drängt seine Aufmerksamkeit nach gewissen Richtungen, gibt ihm Aufklärungen und beobachtet die Reaktionen von Verständnis oder von Ablehnung, welche er so beim Kranken hervorruft. Die ungebildeten Angehörigen unserer Kranken – denen nur Sichtbares und Greifbares imponiert, am liebsten Handlungen, wie man sie im Kinotheater sieht –

versäumen es auch nie, ihre Zweifel zu äußern, wie man »durch bloße Reden etwas gegen die Krankheit ausrichten kann«. Das ist natürlich ebenso kurzsinnig wie inkonsequent gedacht. Es sind ja dieselben Leute, die so sicher wissen, daß sich die Kranken ihre Symptome »bloß einbilden«. Worte waren ursprünglich Zauber, und das Wort hat noch heute viel von seiner alten Zauberkraft bewahrt. Durch Worte kann ein Mensch den anderen selig machen oder zur Verzweiflung treiben, durch Worte überträgt der Lehrer sein Wissen auf die Schüler, durch Worte reißt der Redner die Versammlung der Zuhörer mit sich fort und bestimmt ihre Urteile und Entscheidungen. Worte rufen Affekte hervor und sind das allgemeine Mittel zur Beeinflussung der Menschen untereinander. Wir werden also die Verwendung der Worte in der Psychotherapie nicht geringschätzen und werden zufrieden sein, wenn wir Zuhörer der Worte sein können, die zwischen dem Analytiker und seinem Patienten gewechselt werden.

Aber auch das können wir nicht. Das Gespräch, in dem die psychoanalytische Behandlung besteht, verträgt keinen Zuhörer; es läßt sich nicht demonstrieren. Man kann natürlich auch einen Neurastheniker oder Hysteriker in einer psychiatrischen Vorlesung den Lernenden vorstellen. Er erzählt dann von seinen Klagen und Symptomen, aber auch von nichts anderem. Die Mitteilungen, deren die Analyse bedarf, macht er nur unter der Bedingung einer besonderen Gefühlsbindung an den Arzt; er würde verstummen, sobald er einen einzigen, ihm indifferenten Zeugen bemerkte. Denn diese Mitteilungen betreffen das Intimste seines Seelenlebens, alles was er als sozial selbständige Person vor anderen verbergen muß, und im weiteren alles, was er als einheitliche Persönlichkeit sich selbst nicht eingestehen will.

Sie können also eine psychoanalytische Behandlung nicht mitanhören. Sie können nur von ihr hören und werden die Psychoanalyse im strengsten Sinne des Wortes nur vom Hörensagen kennenlernen. Durch diese Unterweisung gleichsam aus zweiter Hand kommen Sie in ganz ungewohnte Bedingungen für eine Urteilbildung. Es hängt offenbar das meiste davon ab, welchen Glauben Sie dem Gewährsmann schenken können.

Nehmen Sie einmal an, Sie wären nicht in eine psychiatrische, sondern in eine historische Vorlesung gegangen und der Vortragende erzählte Ihnen vom Leben und von den Kriegstaten Alexanders des Großen. Was für Motive hätten Sie, an die Wahrhaftigkeit seiner Mitteilungen zu glauben? Zunächst scheint die Sachlage noch ungünstiger zu sein als im Falle der Psychoanalyse, denn der Geschichtsprofessor war so wenig Teilnehmer an den Kriegszügen Alexanders wie Sie; der Psychoanalytiker berichtet Ihnen doch wenigstens von Dingen, bei denen er selbst eine Rolle gespielt hat. Aber dann kommt die Reihe an das, was den Historiker beglaubigt. Er kann Sie auf die Berichte von alten Schriftstellern verweisen, die entweder selbst zeitgenössisch waren oder den fraglichen Ereignissen doch näher standen, also auf die Bücher des Diodor, Plutarch, Arrian u. a.; er kann Ihnen Abbildungen der erhaltenen Münzen und Statuen des Königs vorlegen und eine Photographie des pompejanischen Mosaiks der Schlacht bei Issos durch Ihre Reihen gehen lassen. Strenge genommen beweisen alle diese Dokumente doch nur, daß schon frühere Generationen an die Existenz Alexanders und an die Realität seiner Taten geglaubt haben, und Ihre Kritik dürfte hier von neuem einsetzen. Sie wird dann finden, daß nicht alles über Alexander Berichtete glaubwürdig oder in seinen Einzelheiten sicherzustellen ist, aber ich kann doch nicht annehmen, daß Sie den Vorlesungssaal als Zweifler an der Realität Alexanders des Großen verlassen werden. Ihre Entscheidung wird hauptsächlich durch zwei Erwägungen bestimmt werden, erstens, daß der Vortragende kein denkbares Motiv hat, etwas vor Ihnen als real auszugeben, was er nicht selbst dafür hält, und zweitens, daß alle erreichbaren Geschichtsbücher die Ereignisse in ungefähr ähnlicher Art darstellen. Wenn Sie dann auf die Prüfung der älteren Quellen eingehen, werden Sie dieselben Momente berücksichtigen, die möglichen Motive der Gewährsmänner und die Übereinstimmung der Zeugnisse untereinander. Das Ergebnis der Prüfung wird im Falle Alexanders sicherlich beruhigend sein, wahrscheinlich anders ausfallen, wenn es sich um Persönlichkeiten wie Moses oder Nimrod handelt. Welche Zweifel Sie aber gegen die Glaubwürdigkeit des psychoanalytischen Berichterstatters erheben können, werden Sie bei späteren Anlässen deutlich genug erkennen.

Nun werden Sie ein Recht zu der Frage haben: Wenn es keine objektive Beglaubigung der Psychoanalyse gibt und keine Möglichkeit, sie zu demonstrieren, wie kann man überhaupt Psychoanalyse erlernen und sich von der Wahrheit ihrer Behauptungen überzeugen? Dies Erlernen ist wirklich nicht leicht, und es haben auch nicht viele Menschen die Psychoanalyse ordentlich gelernt, aber es gibt natürlich doch einen gangbaren Weg. Psychoanalyse erlernt man zunächst am eigenen Leib, durch das Studium der eigenen Persönlichkeit. Es ist das nicht ganz, was man Selbstbeobachtung heißt, aber man kann es ihr zur Not subsumieren. Es gibt eine ganze Reihe von sehr häufigen und allgemein bekannten seelischen Phänomenen, die man nach einiger Unterweisung in der Technik an sich selbst zu Gegenständen der Analyse machen kann. Dabei holt man sich die gesuchte Überzeugung von der Realität der Vorgänge, welche die Psychoanalyse beschreibt, und von der Richtigkeit ihrer Auffassungen. Allerdings sind dem Fortschritte auf diesem Wege bestimmte Grenzen gesetzt. Man kommt viel weiter, wenn man sich selbst von einem kundigen Analytiker analysieren läßt, die Wirkungen der Analyse am eigenen Ich erlebt und dabei die Gelegenheit benützt, dem anderen die feinere Technik des Verfahrens abzulauschen. Dieser ausgezeichnete Weg ist natürlich immer nur für eine einzelne Person, niemals für ein ganzes Kolleg auf einmal gangbar.

Für eine zweite Schwierigkeit in Ihrem Verhältnis zur Psychoanalyse kann ich nicht mehr diese, muß ich Sie selbst, meine Hörer, verantwortlich machen, wenigstens insoweit Sie bisher medizinische Studien betrieben haben. Ihre Vorbildung hat Ihrer Denktätigkeit eine bestimmte Richtung gegeben, die weit von der Psychoanalyse abführt. Sie sind darin geschult worden, die Funktionen des Organismus und ihre Störungen anatomisch zu begründen, chemisch und physikalisch zu erklären und biologisch zu erfassen, aber kein Anteil Ihres Interesses ist auf das psychische Leben gelenkt worden, in dem doch die Leistung dieses wunderbar komplizierten Organismus gipfelt. Darum ist Ihnen eine psychologische Denkweise fremd geblieben, und Sie haben sich gewöhnt, eine solche mißtrauisch zu betrachten, ihr den Charakter der Wissenschaftlichkeit abzusprechen und sie den Laien, Dichtern, Naturphilosophen und Mystikern zu überlassen. Diese Einschränkung ist gewiß ein Schaden für Ihre ärztliche Tätigkeit, denn der Kranke wird Ihnen, wie es bei allen menschlichen Beziehungen Regel ist, zunächst seine seelische Fassade entgegenbringen, und ich fürchte, Sie werden zur Strafe genötigt sein, einen Anteil des therapeutischen Einflusses, den Sie anstreben, den von Ihnen so verachteten Laienärzten, Naturheilkünstlern und Mystikern zu überlassen.

Ich verkenne nicht, welche Entschuldigung man für diesen Mangel Ihrer Vorbildung gelten lassen muß. Es fehlt die philosophische Hilfswissenschaft, welche für Ihre ärztlichen Absichten dienstbar gemacht werden könnte. Weder die spekulative Philosophie noch die deskriptive Psychologie oder die an die Sinnesphysiologie anschließende sogenannte experimentelle Psychologie, wie sie in den Schulen gelehrt werden, sind imstande, Ihnen über die Beziehung zwischen dem Körperlichen und Seelischen etwas Brauchbares zu sagen und Ihnen die

Schlüssel zum Verständnis einer möglichen Störung der seelischen Funktionen in die Hand zu geben. Innerhalb der Medizin beschäftigt sich zwar die Psychiatrie damit, die beobachteten Seelenstörungen zu beschreiben und zu klinischen Krankheitsbildern zusammenzustellen, aber in guten Stunden zweifeln die Psychiater selbst daran, ob ihre rein deskriptiven Aufstellungen den Namen einer Wissenschaft verdienen. Die Symptome, welche diese Krankheitsbilder zusammensetzen, sind nach ihrer Herkunft, ihrem Mechanismus und in ihrer gegenseitigen Verknüpfung unerkannt; es entsprechen ihnen entweder keine nachweisbaren Veränderungen des anatomischen Organs der Seele oder solche, aus denen sie eine Aufklärung nicht finden können. Einer therapeutischen Beeinflussung sind diese Seelenstörungen nur dann zugänglich, wenn sie sich als Nebenwirkungen einer sonstigen organischen Affektion erkennen lassen.

Hier ist die Lücke, welche die Psychoanalyse auszufüllen bestrebt ist. Sie will der Psychiatrie die vermißte psychologische Grundlage geben, sie hofft, den gemeinsamen Boden aufzudecken, von dem aus das Zusammentreffen körperlicher mit seelischer Störung verständlich wird. Zu diesem Zweck muß sie sich von jeder ihr fremden Voraussetzung anatomischer, chemischer oder physiologischer Natur frei halten, durchaus mit rein psychologischen Hilfsbegriffen arbeiten, und gerade darum, fürchte ich, wird sie Ihnen zunächst fremdartig erscheinen.

An der nächsten Schwierigkeit will ich Sie, Ihre Vorbildung oder Einstellung, nicht mitschuldig machen. Mit zweien ihrer Aufstellungen beleidigt die Psychoanalyse die ganze Welt und zieht sich deren Abneigung zu; die eine davon verstößt gegen ein intellektuelles, die andere gegen ein ästhetisch-moralisches Vorurteil. Lassen Sie uns nicht zu gering von diesen Vorurteilen denken; es sind machtvolle Dinge, Niederschläge von nützlichen, ja notwendigen Entwicklungen der Menschheit. Sie werden durch affektive Kräfte festgehalten, und der Kampf gegen sie ist ein schwerer.

Die erste dieser unliebsamen Behauptungen der Psychoanalyse besagt, daß die seelischen Vorgänge an und für sich unbewußt sind und die bewußten bloß einzelne Akte und Anteile des ganzen Seelenlebens. Erinnern Sie sich, daß wir im Gegenteile gewöhnt sind, Psychisches und Bewußtes zu identifizieren. Das Bewußtsein gilt uns geradezu als der definierende Charakter des Psychischen, Psychologie als die Lehre von den Inhalten des Bewußtseins. Ja, so selbstverständlich erscheint uns diese Gleichstellung, daß wir einen Widerspruch gegen sie als offenkundigen Widersinn zu empfinden glauben, und doch kann die Psychoanalyse nicht umhin, diesen Widerspruch zu erheben, sie kann die Identität von Bewußtem und Seelischem nicht annehmen. Ihre Definition des Seelischen lautet, es seien Vorgänge von der Art des Fühlens, Denkens, Wollens, und sie muß vertreten, daß es unbewußtes Denken und ungewußtes Wollen gibt. Damit hat sie aber von vornherein die Sympathie aller Freunde nüchterner Wissenschaftlichkeit verscherzt und sich in den Verdacht einer phantastischen Geheimlehre gebracht, die im Dunkeln bauen, im Trüben fischen möchte. Sie aber, meine Hörer, können natürlich noch nicht verstehen, mit welchem Recht ich einen Satz von so abstrakter Natur wie: »Das Seelische ist das Bewußte« für ein Vorurteil ausgeben kann, können auch nicht erraten, welche Entwicklung zur Verleugnung des Unbewußten geführt haben kann, wenn ein solches existieren sollte, und welcher Vorteil sich bei dieser Verleugnung ergeben haben mag. Es klingt wie ein leerer Wortstreit, ob man das Psychische mit dem Bewußten zusammenfallen lassen oder es darüber hinaus erstrecken soll, und doch kann ich Ihnen versichern, daß mit der Annahme unbewußter Seelenvorgänge eine entscheidende Neuorientierung in Welt und Wissenschaft angebahnt ist.

Ebensowenig können Sie ahnen, ein wie inniger Zusammenhang diese erste Kühnheit der Psychoanalyse mit der nun zu erwähnenden zweiten verknüpft. Dieser andere Satz, den die Psychoanalyse als eines ihrer Ergebnisse verkündet, enthält nämlich die Behauptung, daß Triebregungen, welche man nur als sexuelle im engeren wie im weiteren Sinn bezeichnen kann, eine ungemein große und bisher nie genug gewürdigte Rolle in der Verursachung der Nerven- und Geisteskrankheiten spielen. Ja noch mehr, daß dieselben sexuellen Regungen auch mit nicht zu unterschätzenden Beiträgen an den höchsten kulturellen, künstlerischen und sozialen Schöpfungen des Menschengeistes beteiligt sind.

Nach meiner Erfahrung ist die Abneigung gegen dieses Resultat der psychoanalytischen Forschung die bedeutsamste Quelle des Widerstandes, auf den sie gestoßen ist. Wollen Sie wissen, wie wir uns das erklären? Wir glauben, die Kultur ist unter dem Antrieb der Lebensnot auf Kosten der Triebbefriedigung geschaffen worden, und sie wird zum großen Teil immer wieder von neuem erschaffen, indem der Einzelne, der neu in die menschliche Gemeinschaft eintritt, die Opfer an Triebbefriedigung zu Gunsten des Ganzen wiederholt. Unter den so verwendeten Triebkräften spielen die der Sexualregungen eine bedeutsame Rolle; sie werden dabei sublimiert, d. h. von ihren sexuellen Zielen abgelenkt und auf sozial höherstehende, nicht mehr sexuelle, gerichtet. Dieser Aufbau ist aber labil, die Sexualtriebe sind schlecht gebändigt, es besteht bei jedem Einzelnen, der sich dem Kulturwerk anschließen soll, die Gefahr, daß sich seine Sexualtriebe dieser Verwendung weigern. Die Gesellschaft glaubt an keine stärkere Bedrohung ihrer Kultur, als ihr durch die Befreiung der Sexualtriebe und deren Wiederkehr zu ihren ursprünglichen Zielen erwachsen würde. Die Gesellschaft liebt es also nicht, an dieses heikle Stück ihrer Begründung gemahnt zu werden, sie hat gar kein Interesse daran, daß die Stärke der Sexualtriebe anerkannt und die Bedeutung des Sexuallebens für den einzelnen klargelegt werde, sie hat vielmehr in erziehlicher Absicht den Weg eingeschlagen, die Aufmerksamkeit von diesem ganzen Gebiet abzulenken. Darum verträgt sie das genannte Forschungsresultat der Psychoanalyse nicht, möchte es am liebsten als ästhetisch abstoßend, moralisch verwerflich oder als gefährlich brandmarken. Aber mit solchen Einwürfen kann man einem angeblich objektiven Ergebnis wissenschaftlicher Arbeit nichts anhaben. Der Widerspruch muß aufs intellektuelle Gebiet übersetzt werden, wenn er laut werden soll. Nun liegt es in der menschlichen Natur, daß man geneigt ist, etwas für unrichtig zu halten, wenn man es nicht mag, und dann ist es leicht, Argumente dagegen zu finden. Die Gesellschaft macht also das Unliebsame zum Unrichtigen, bestreitet die Wahrheiten der Psychoanalyse mit logischen und sachlichen Argumenten, aber aus affektiven Quellen, und hält diese Einwendungen als Vorurteile gegen alle Versuche der Widerlegung fest.

Wir aber dürfen behaupten, meine Damen und Herren, daß wir bei der Aufstellung jenes beanstandeten Satzes überhaupt keine Tendenz verfolgt haben. Wir wollten nur einer Tatsächlichkeit Ausdruck geben, die wir in mühseliger Arbeit erkannt zu haben glaubten. Wir nehmen auch jetzt das Recht in Anspruch, die Einmengung solcher praktischer Rücksichten in die wissenschaftliche Arbeit unbedingt zurückzuweisen, auch ehe wir untersucht haben, ob die Befürchtung, welche uns diese Rücksichten diktieren will, berechtigt ist oder nicht.

Das wären nun einige der Schwierigkeiten, welche Ihrer Beschäftigung mit der Psychoanalyse entgegenstehen. Es ist vielleicht mehr als genug für den Anfang. Wenn Sie deren Eindruck überwinden können, wollen wir fortsetzen.

I

Meine Damen und Herren! Wir beginnen nicht mit Voraussetzungen, sondern mit einer Untersuchung. Zu deren Objekt wählen wir gewisse Phänomene, die sehr häufig, sehr bekannt und sehr wenig gewürdigt sind, die insofern nichts mit Krankheiten zu tun haben, als sie bei jedem Gesunden beobachtet werden können. Es sind dies die sogenannten *Fehlleistungen* des Menschen, wie wenn jemand etwas sagen will und dafür ein anderes Wort sagt, das *Versprechen,* oder ihm dasselbe beim Schreiben geschieht, was er entweder bemerken kann oder nicht; oder wenn jemand im Druck oder in der Schrift etwas anderes liest, als was da zu lesen ist, das *Verlesen;* ebenso wenn er etwas falsch hört, was zu ihm gesagt wird, das *Verhören,* natürlich ohne daß eine organische Störung seines Hörvermögens dabei in Betracht kommt. Eine andere Reihe solcher Erscheinungen hat ein *Vergessen* zur Grundlage, aber kein dauerndes, sondern ein nur zeitweiliges, z. B. wenn jemand einen *Namen* nicht finden kann, den er doch kennt und regelmäßig wiedererkennt, oder wenn er einen *Vorsatz* auszuführen vergißt, den er doch später erinnert, also nur für einen gewissen Zeitpunkt vergessen hatte. In einer dritten Reihe entfällt diese Bedingung des nur Zeitweiligen, z. B. beim *Verlegen*, wenn jemand einen Gegenstand irgendwo unterbringt und ihn nicht mehr aufzufinden weiß, oder beim ganz analogen *Verlieren*. Es liegt da ein Vergessen vor, welches man anders behandelt als anderes Vergessen, über das man sich wundert oder ärgert, anstatt es begreiflich zu finden. Daran schließen sich gewisse *Irrtümer*, bei denen wieder die Zeitweiligkeit zum Vorschein kommt, indem man eine Zeitlang etwas glaubt, wovon man doch vorher und später weiß, daß es anders ist, und eine Anzahl von ähnlichen Erscheinungen unter verschiedenen Namen.

Es sind das alles Vorfälle, deren innere Verwandtschaft durch die gleiche Bezeichnung mit der Vorsilbe »ver-« zum Ausdruck kommt, fast alle von unwichtiger Natur, meist von sehr flüchtigem Bestand, ohne viel Bedeutung im Leben der Menschen. Nur selten erhebt sich eines davon wie das Verlieren von Gegenständen zu einer gewissen praktischen Wichtigkeit. Sie finden darum auch nicht viel Aufmerksamkeit, erregen nur schwache Affekte usw.

Für diese Phänomene will ich also jetzt Ihre Aufmerksamkeit in Anspruch nehmen. Sie aber werden mir unmutig entgegenhalten: »Es gibt soviel großartige Rätsel in der Welt wie in der engeren des Seelenlebens, so viele Wunder auf dem Gebiet der Seelenstörungen, die Aufklärung fordern und verdienen, daß es wirklich mutwillig scheint, Arbeit und Interesse an solche Kleinigkeiten zu vergeuden. Wenn Sie uns verständlich machen könnten, wieso ein Mensch mit gesunden Augen und Ohren bei lichtem Tag Dinge sehen und hören kann, die es nicht gibt, warum ein anderer sich plötzlich von denen verfolgt glaubt, die ihm bisher die Liebsten waren, oder mit der scharfsinnigsten Begründung Wahngebilde vertritt, die jedem Kinde als unsinnig erscheinen müssen, dann würden wir etwas von der Psychoanalyse halten, aber wenn sie nichts anderes kann, als uns damit zu beschäftigen, warum ein Festredner einmal ein Wort für ein anderes sagt oder warum eine Hausfrau ihre Schlüssel verlegt hat und ähnliche Nichtigkeiten, dann werden auch wir mit unserer Zeit und unserem Interesse etwas Besseres anzufangen wissen.«

Ich würde Ihnen antworten: Geduld, meine Damen und Herren! Ich meine, Ihre Kritik ist nicht auf der richtigen Spur. Es ist wahr, die Psychoanalyse kann nicht von sich rühmen, daß sie sich nie mit Kleinigkeiten abgegeben hat. Im Gegenteil, ihren Beobachtungsstoff bilden gewöhnlich jene unscheinbaren Vorkommnisse, die von den anderen Wissenschaften als allzu geringfügig beiseite geworfen werden, sozusagen der Abhub der Erscheinungswelt. Aber verwechseln Sie in Ihrer Kritik nicht die Großartigkeit der Probleme mit der Auffälligkeit der Anzeichen? Gibt es nicht sehr bedeutungsvolle Dinge, die sich unter gewissen

Bedingungen und zu gewissen Zeiten nur durch ganz schwache Anzeichen verraten können? Ich könnte Ihnen mit Leichtigkeit mehrere solche Situationen anführen. Aus welchen geringfügigen Anzeichen schließen Sie, die jungen Männer unter Ihnen, daß Sie die Neigung einer Dame gewonnen haben? Warten Sie dafür eine ausdrückliche Liebeserklärung, eine stürmische Umarmung ab, oder reicht Ihnen nicht ein von anderen kaum bemerkter Blick, eine flüchtige Bewegung, eine Verlängerung des Händedrucks um eine Sekunde aus? Und wenn Sie als Kriminalbeamter an der Untersuchung einer Mordtat beteiligt sind, erwarten Sie dann wirklich zu finden, daß der Mörder seine Photographie samt beigefügter Adresse an dem Tatorte zurückgelassen hat, oder werden Sie sich nicht notwendigerweise mit schwächeren und undeutlicheren Spuren der gesuchten Persönlichkeit begnügen? Lassen Sie uns also die kleinen Anzeichen nicht unterschätzen; vielleicht gelingt es, von ihnen aus Größerem auf die Spur zu kommen. Und dann, ich denke wie Sie, daß die großen Probleme in Welt und Wissenschaft das erste Anrecht an unser Interesse haben. Aber es nützt meistens nur sehr wenig, wenn man den lauten Vorsatz faßt, sich jetzt der Erforschung dieses oder jenes großen Problems zuzuwenden. Man weiß dann oft nicht, wohin man den nächsten Schritt richten soll. In der wissenschaftlichen Arbeit ist es aussichtsreicher, das anzugreifen, was man gerade vor sich hat und zu dessen Erforschung sich ein Weg ergibt. Macht man das recht gründlich, voraussetzungs- und erwartungslos und hat man Glück, so kann sich infolge des Zusammenhanges, der alles mit allem verknüpft, auch das Kleine mit dem Großen, auch aus so anspruchsloser Arbeit ein Zugang zum Studium der großen Probleme ergeben.

So würde ich also sprechen, um Ihr Interesse bei der Behandlung der anscheinend so nichtigen Fehlleistungen der Gesunden festzuhalten. Wir wollen jetzt irgend jemanden, dem die Psychoanalyse fremd ist, heranziehen und ihn fragen, wie er sich das Vorkommen solcher Dinge erklärt.

Er wird gewiß zuerst antworten: O, das ist keiner Erklärung wert; das sind kleine Zufälligkeiten. Was meint der Mann damit? Will er behaupten, daß es noch so kleine Geschehnisse gibt, die aus der Verkettung des Weltgeschehens herausfallen, die ebensogut nicht sein könnten, wie sie sind? Wenn jemand so den natürlichen Determinismus an einer einzigen Stelle durchbricht, hat er die ganze wissenschaftliche Weltanschauung über den Haufen geworfen. Man darf ihm dann vorhalten, um wie vieles konsequenter sich selbst die religiöse Weltanschauung benimmt, wenn sie nachdrücklich versichert, es falle kein Sperling vom Dach ohne Gottes besonderen Willen. Ich meine, unser Freund wird die Konsequenz aus seiner ersten Antwort nicht ziehen wollen, er wird einlenken und sagen, wenn er diese Dinge studiere, finde er allerdings Erklärungen für sie. Es handle sich um kleine Entgleisungen der Funktion, Ungenauigkeiten der seelischen Leistung, deren Bedingungen sich angeben ließen. Ein Mensch, der sonst richtig sprechen kann, mag sich in der Rede versprechen, 1. wenn er leicht unwohl und ermüdet ist, 2. wenn er aufgeregt, 3. wenn er von anderen Dingen überstark in Anspruch genommen ist. Es ist leicht, diese Angaben zu bestätigen. Das Versprechen tritt wirklich besonders häufig auf, wenn man ermüdet ist, Kopfschmerzen hat oder vor einer Migräne steht. Unter denselben Umständen ereignet sich leicht das Vergessen von Eigennamen. Manche Personen sind daran gewöhnt, an diesem Entfallen der Eigennamen die herannahende Migräne zu erkennen. Auch in der Aufregung verwechselt man oft die Worte, aber auch die Dinge, man »vergreift sich«, und das Vergessen von Vorsätzen sowie eine Menge von anderen unbeabsichtigten Handlungen wird auffällig, wenn man zerstreut, d. h. eigentlich auf etwas anderes konzentriert ist. Ein bekanntes Beispiel solcher Zerstreutheit ist der Professor der *Fliegenden Blätter*, der seinen Schirm stehenläßt und seinen Hut verwechselt, weil er an die Probleme denkt, die er in seinem nächsten Buch behandeln wird. Beispiele dafür, wie man Vorsätze, die man gefaßt, Versprechungen, die man gemacht hat, vergessen kann, weil man inzwischen etwas erlebt hat, wovon man stark in Anspruch genommen wurde, kennt jeder von uns aus eigener Erfahrung.

Das klingt so ganz verständig und scheint auch gegen Widerspruch gefeit zu sein. Es ist vielleicht nicht sehr interessant, nicht so, wie wir es erwartet haben. Fassen wir diese Erklärungen der Fehlleistungen näher ins Auge. Die Bedingungen, die für das Zustandekommen dieser Phänomene angegeben werden, sind unter sich nicht gleichartig. Unwohlsein und Zirkulationsstörung geben eine physiologische Begründung für die Beeinträchtigung der normalen Funktion; Erregung, Ermüdung, Ablenkung sind Momente anderer Art, die man psycho-physiologische nennen könnte. Diese letzteren lassen sich leicht in Theorie übersetzen. Sowohl durch die Ermüdung wie durch die Ablenkung, vielleicht auch durch die allgemeine Erregung, wird eine Verteilung der Aufmerksamkeit hervorgerufen, die zur Folge haben kann, daß sich der betreffenden Leistung zu wenig Aufmerksamkeit zuwendet. Diese Leistung kann dann besonders leicht gestört, ungenau ausgeführt werden. Leichtes Kranksein, Abänderungen der Blutversorgung im nervösen Zentralorgan können dieselbe Wirkung haben, indem sie das maßgebende Moment, die Verteilung der Aufmerksamkeit in ähnlicher Weise beeinflussen. Es würde sich also in allen Fällen um die Effekte einer Aufmerksamkeitsstörung handeln, entweder aus organischen oder aus psychischen Ursachen.

Dabei scheint nicht viel für unser psychoanalytisches Interesse herauszuschauen. Wir könnten uns versucht fühlen, das Thema wieder aufzugeben. Allerdings, wenn wir näher auf die Beobachtungen eingehen, stimmt nicht alles zu dieser Aufmerksamkeitstheorie der Fehlleistungen oder leitet sich wenigstens nicht natürlich aus ihr ab. Wir machen die Erfahrung, daß solche Fehlhandlungen und solches Vergessen auch bei Personen vorkommen, die *nicht* ermüdet, zerstreut oder aufgeregt sind, sondern sich nach jeder Richtung in ihrem Normalzustand befinden, es sei denn, man wolle den Betreffenden gerade wegen der Fehlleistung nachträglich eine Aufgeregtheit zuschreiben, zu welcher sie sich aber selbst nicht bekennen. Es kann auch nicht so einfach zugehen, daß eine Leistung durch die Steigerung der auf sie gerichteten Aufmerksamkeit garantiert, durch die Herabsetzung derselben gefährdet wird. Es gibt eine große Menge von Verrichtungen, die man rein automatisch, mit sehr geringer Aufmerksamkeit vollzieht und dabei doch ganz sicher ausführt. Der Spaziergänger, der kaum weiß, wo er geht, hält doch den richtigen Weg ein und macht am Ziele halt, ohne sich *vergangen* zu haben. Wenigstens in der Regel trifft er es so. Der geübte Klavierspieler greift, ohne daran zu denken, die richtigen Tasten. Er kann sich natürlich auch einmal vergreifen, aber wenn das automatische Spielen die Gefahr des Vergreifens steigerte, müßte gerade der Virtuose, dessen Spiel durch große Übung ganz und gar automatisch geworden ist, dieser Gefahr am meisten ausgesetzt sein. Wir sehen im Gegenteil, daß viele Verrichtungen ganz besonders sicher geraten, wenn sie nicht Gegenstand einer besonders hohen Aufmerksamkeit sind, und daß das Mißgeschick der Fehlleistung gerade dann auftreten kann, wenn an der richtigen Leistung besonders viel gelegen ist, eine Ablenkung der nötigen Aufmerksamkeit also sicherlich nicht stattfindet. Man kann dann sagen, das sei der Effekt der »Aufregung«, aber wir verstehen nicht, warum die Aufregung die Zuwendung der Aufmerksamkeit zu dem mit soviel Interesse Beabsichtigten nicht vielmehr steigert. Wenn jemand in einer wichtigen Rede oder mündlichen Verhandlung durch ein Versprechen das Gegenteil von dem sagt, was er zu sagen beabsichtigt, so ist das nach der psycho-physiologischen oder Aufmerksamkeitstheorie kaum zu erklären.

Es gibt auch bei den Fehlleistungen so viele kleine Nebenerscheinungen, die man nicht versteht und die uns durch die bisherigen Aufklärungen nicht nähergebracht werden. Wenn man z. B. einen Namen zeitweilig vergessen hat, so ärgert man sich darüber, will ihn durchaus erinnern und kann von der Aufgabe nicht ablassen. Warum gelingt es dem Geärgerten so überaus selten, seine Aufmerksamkeit, wie er doch möchte, auf das Wort zu lenken, das ihm, wie er sagt, »auf der Zunge liegt« und das er sofort erkennt, wenn es vor ihm ausgesprochen wird? Oder: es kommen Fälle vor, in denen die Fehlleistungen sich vervielfältigen, sich miteinander verketten, einander ersetzen. Das erste Mal hatte man ein Rendezvous vergessen; das nächste Mal, für das man den Vorsatz, ja nicht zu vergessen, gefaßt hat, stellt es sich heraus, daß man sich irrtümlich eine andere Stunde gemerkt hat. Man sucht sich auf Umwegen auf ein vergessenes Wort zu besinnen, dabei entfällt einem ein zweiter Name, der beim Aufsuchen des ersten hätte behilflich sein können. Geht man jetzt diesem zweiten Namen nach, so entzieht sich ein dritter usw. Dasselbe kann sich bekanntlich auch bei Druckfehlern ereignen, die ja als Fehlleistungen des Setzers aufzufassen sind. Ein solcher hartnäckiger Druckfehler soll sich einmal in ein sozialdemokratisches Blatt eingeschlichen haben. In dem Berichte über eine gewisse Festlichkeit war zu lesen: Unter den Anwesenden bemerkte man auch seine Hoheit, den *Korn*prinzen. Am nächsten Tag wurde eine Korrektur versucht. Das

Blatt entschuldigte sich und schrieb: Es hätte natürlich heißen sollen: den *Knor*prinzen. Man spricht in solchen Fällen gerne vom Druckfehlerteufel, vom Kobold des Setzkastens und dergleichen, Ausdrücke, die jedenfalls über eine psycho-physiologische Theorie des Druckfehlers hinausgehen.

Ich weiß auch nicht, ob Ihnen bekannt ist, daß man das Versprechen provozieren, sozusagen durch Suggestion hervorrufen kann. Eine Anekdote berichtet hiezu: Als einmal ein Neuling auf der Bühne mit der wichtigen Rolle betraut war, in der *Jungfrau von Orleans* dem König zu melden, daß der Connetable sein Schwert zurückschickt, machte sich ein Heldendarsteller den Scherz, während der Probe dem schüchternen Anfänger wiederholt anstatt dieses Textes vorzusagen: Der Komfortabel schickt sein Pferd zurück, und er erreichte seine Absicht. In der Vorstellung debütierte der Unglückliche wirklich mit dieser abgeänderten Meldung, obwohl er genug gewarnt war oder vielleicht gerade darum.

Alle diese kleinen Züge der Fehlleistungen werden durch die Theorie der Aufmerksamkeitsentziehung nicht gerade aufgeklärt. Aber darum braucht diese Theorie noch nicht falsch zu sein. Es fehlt ihr vielleicht an etwas, an einer Ergänzung, damit sie voll befriedigend werde. Aber auch manche der Fehlleistungen selbst können noch von einer anderen Seite betrachtet werden.

Greifen wir als die für unsere Absichten geeignetste unter den Fehlleistungen das *Versprechen* heraus. Wir könnten ebensogut das Verschreiben oder Verlesen wählen. Da müssen wir uns denn einmal sagen, daß wir bisher nur danach gefragt haben, wann, unter welchen Bedingungen man sich verspricht, und auch nur darauf eine Antwort bekommen haben. Man kann aber auch sein Interesse anders richten und wissen wollen, warum man sich gerade in dieser Weise verspricht und in keiner anderen; man kann das in Betracht ziehen, was beim Versprechen herauskommt. Sie sehen ein, solange man nicht diese Frage beantwortet, den Effekt des Versprechens aufklärt, bleibt das Phänomen nach seiner psychologischen Seite eine Zufälligkeit, mag es auch eine physiologische Erklärung gefunden haben. Wenn sich mir ein Versprechen ereignet, könnte ich mich offenbar in unendlich vielen Weisen versprechen, für das eine richtige Wort eines von tausend anderen sagen, ungezählt viele Entstellungen an dem richtigen Wort vornehmen. Gibt es nun irgend etwas, was mir im besonderen Falle von allen möglichen gerade die eine Weise des Versprechens aufdrängt, oder bleibt das Zufall, Willkür und läßt sich zu dieser Frage vielleicht überhaupt nichts Vernünftiges vorbringen?

Zwei Autoren, Meringer und Mayer (ein Philologe und ein Psychiater), haben denn auch im Jahre 1895 den Versuch gemacht, die Frage des Versprechens von dieser Seite her anzugreifen. Sie haben Beispiele gesammelt und zunächst nach rein deskriptiven Gesichtspunkten beschrieben. Das gibt natürlich noch keine Erklärung, kann aber den Weg zu ihr finden lassen. Sie unterscheiden die Entstellungen, welche die intendierte Rede durch das Versprechen erfährt, als: Vertauschungen, Vorklänge, Nachklänge, Vermengungen (Kontaminationen) und Ersetzungen (Substitutionen). Ich werde Ihnen von diesen Hauptgruppen der beiden Autoren Beispiele vorführen. Ein Fall von Vertauschung ist es, wenn jemand sagt: *Die Milo von Venus* anstatt: Die Venus von Milo (Vertauschung in der Reihenfolge der Worte); ein Vorklang: Es war mir *auf der Schwest...* auf der Brust so schwer; ein Nachklang wäre der bekannte verunglückte Toast: Ich fordere Sie *auf, auf* das Wohl unseres Chefs *aufzustoßen*. Diese drei Formen des Versprechens sind nicht gerade häufig. Weit zahlreicher werden Sie die Beobachtung finden, in denen das Versprechen durch eine Zusammenziehung oder Vermengung entsteht, z. B. wenn ein Herr eine Dame auf der Straße mit den Worten anspricht: Wenn Sie gestatten, mein Fräulein, möchte ich Sie gerne *begleit-digen*. In dem Mischwort steckt außer *Begleiten* offenbar auch das *Beleidigen*. (Nebenbei, der junge Mann wird bei der Dame nicht viel Erfolg gehabt haben.) Als eine Ersetzung führen M. und M. den Fall an, daß einer sagt: Ich gebe die Präparate in den *Brief*kasten anstatt *Brüt*kasten u. dgl.

Der Erklärungsversuch, den die beiden Autoren auf ihre Sammlung von Beispielen gründen, ist ganz besonders unzulänglich. Sie meinen, daß die Laute und Silben eines Wortes verschiedene Wertigkeit haben und daß die Innervation des hochwertigen Elements die der minderwertigen störend beeinflussen kann. Dabei fußen sie offenbar auf den an sich gar nicht so häufigen Vor- und Nachklängen; für andere Erfolge des Versprechens kommen diese Lautbevorzugungen, wenn sie überhaupt existieren, gar nicht in Betracht. Am häufigsten verspricht man sich doch, indem man anstatt eines Wortes ein anderes, ihm sehr ähnliches sagt, und diese Ähnlichkeit genügt vielen zur Erklärung des Versprechens. Zum Beispiel ein Professor in seiner Antrittsrede: Ich bin nicht *geneigt* (geeignet), die Verdienste meines sehr geschätzten Vorgängers zu würdigen. Oder ein anderer Professor: Beim weiblichen Genitale hat man trotz vieler *Versuchungen*... Pardon: Versuche...

Die gewöhnlichste und auch die auffälligste Art des Versprechens ist aber die zum genauen Gegenteil dessen, was man zu sagen beabsichtigt. Dabei kommt man natürlich von den Lautbeziehungen und Ähnlichkeitswirkungen weit ab und kann sich zum Ersatz dafür darauf berufen, daß Gegensätze eine starke begriffliche Verwandtschaft miteinander haben und einander in der psychologischen Assoziation besonders nahestehen. Es gibt historische Beispiele dieser Art: Ein Präsident unseres Abgeordnetenhauses eröffnete einmal die Sitzung mit den Worten: Meine Herren, ich konstatiere die Anwesenheit von ... Mitgliedern und erkläre somit die Sitzung für *geschlossen*.

Ähnlich verführerisch wie die Gegensatzbeziehung wirkt dann irgendeine andere geläufige Assoziation, die unter Umständen recht unpassend auftauchen kann. So wird z. B. erzählt, daß bei einer Festlichkeit zu Ehren der Heirat eines Kindes von H. Helmholtz mit einem Kinde des bekannten Entdeckers und Großindustriellen W. Siemens der berühmte Physiologe Du Bois-Reymond die Festrede zu halten hatte. Er schloß seinen sicherlich glänzenden Toast mit den Worten: Also es lebe die neue

Firma: Siemens und – Halske! Das war natürlich der Namen der alten Firma. Die Zusammenstellung der beiden Namen mußte dem Berliner ebenso geläufig sein wie etwa dem Wiener die: Riedel und Beutel.

So müssen wir also zu den Lautbeziehungen und zur Wortähnlichkeit noch den Einfluß der Wortassoziationen hinzunehmen. Aber damit nicht genug. In einer Reihe von Fällen scheint die Aufklärung des beobachteten Versprechens nicht eher zu gelingen, als bis wir mit in Betracht gezogen haben, was einen Satz vorher gesprochen oder auch nur gedacht wurde. Also wiederum ein Fall von Nachklingen, wie der von Meringer betonte, nur von größerer Ferne her. – Ich muß gestehen, ich habe im ganzen den Eindruck, als wären wir jetzt einem Verständnis der Fehlleistung des Versprechens ferner gerückt denn je!

Indes, ich hoffe nicht irrezugehen, wenn ich es ausspreche, daß wir alle während der eben angestellten Untersuchung einen neuen Eindruck von den Beispielen des Versprechens bekommen haben, bei dem zu verweilen sich doch lohnen könnte. Wir hatten die Bedingungen untersucht, unter denen ein Versprechen überhaupt zustande kommt, dann die Einflüsse, welche die Art der Entstellung durch das Versprechen bestimmen, aber den Effekt des Versprechens für sich allein, ohne Rücksicht auf seine Entstehung, haben wir noch gar nicht ins Auge gefaßt. Entschließen wir uns auch dazu, so müssen wir endlich den Mut finden zu sagen: In einigen der Beispiele hat ja auch das einen Sinn, was beim Versprechen zustande gekommen ist. Was heißt das, es hat einen

Sinn? Nun, es will sagen, daß der Effekt des Versprechens vielleicht ein Recht darauf hat, selbst als ein vollgültiger psychischer Akt, der auch sein eigenes Ziel verfolgt, als eine Äußerung von Inhalt und Bedeutung aufgefaßt zu werden. Wir haben bisher immer von Fehlhandlungen gesprochen, aber jetzt scheint es, als ob manchmal die Fehlhandlung selbst eine ganz ordentliche Handlung wäre, die sich nur an die Stelle der anderen, erwarteten oder beabsichtigten Handlung gesetzt hat.

Dieser eigene Sinn der Fehlhandlung scheint ja in einzelnen Fällen greifbar und unverkennbar zu sein. Wenn der Präsident die Sitzung des Abgeordnetenhauses mit den ersten Worten schließt, anstatt sie zu eröffnen, so sind wir infolge unserer Kenntnis der Verhältnisse, unter denen sich dies Versprechen vollzog, geneigt, diese Fehlhandlung sinnvoll zu finden. Er erwartet sich nichts Gutes von der Sitzung und wäre froh, sie sofort wieder abbrechen zu können. Das Aufzeigen dieses Sinnes, also die Deutung dieses Versprechens macht uns gar keine Schwierigkeiten. Oder wenn eine Dame anscheinend anerkennend eine andere fragt: Diesen reizenden neuen Hut haben Sie sich wohl selbst *aufgepatzt?* – so wird keine Wissenschaftlichkeit der Welt uns abhalten können, aus diesem Versprechen eine Äußerung herauszuhören: Dieser Hut ist eine *Patzerei*. Oder wenn eine als energisch bekannte Dame erzählt: Mein Mann hat den Doktor gefragt, welche Diät er einhalten soll. Der Doktor hat aber gesagt, er braucht keine Diät, er kann essen und trinken, was *ich* will, so ist dies Versprechen doch anderseits der unverkennbare Ausdruck eines konsequenten Programms.

Meine Damen und Herren, wenn es sich herausstellen sollte, daß nicht nur einige wenige Fälle von Versprechen und von Fehlleistungen überhaupt einen *Sinn* haben, sondern eine größere Anzahl von ihnen, so wird unvermeidlich dieser Sinn der Fehlleistungen, von dem bisher noch nicht die Rede war, für uns das Interessanteste werden und alle anderen Gesichtspunkte mit Recht in den Hintergrund drängen. Wir können dann alle physiologischen oder psycho-physiologischen Momente beiseite lassen und dürfen uns rein psychologischen Untersuchungen über den Sinn, d. i. die Bedeutung, die Absicht der Fehlleistung hingeben. Wir werden es also nicht verabsäumen, demnächst ein größeres Beobachtungsmaterial auf diese Erwartung zu prüfen.

Ehe wir aber diesen Vorsatz ausführen, möchte ich Sie einladen, mit mir eine andere Spur zu verfolgen. Es ist wiederholt vorgekommen, daß ein Dichter sich des Versprechens oder einer anderen Fehlleistung als Mittels der dichterischen Darstellung bedient hat. Diese Tatsache muß uns für sich allein beweisen, daß er die Fehlleistung, das Versprechen z. B., für etwas Sinnvolles hält, denn er produziert es ja absichtlich. Es geht doch nicht so vor, daß der Dichter sich zufällig verschreibt und dann sein Verschreiben bei seiner Figur als ein Versprechen bestehen läßt. Er will uns durch das Versprechen etwas zum Verständnis bringen, und wir können ja nachsehen, was das sein mag, ob er uns etwa andeuten will, daß die betreffende Person zerstreut und ermüdet ist oder eine Migräne zu erwarten hat. Natürlich wollen wir es nicht überschätzen, wenn das Versprechen vom Dichter als sinnvoll gebraucht wird. Es könnte doch in Wirklichkeit sinnlos sein, eine psychische Zufälligkeit oder nur in ganz seltenen Fällen sinnreich, und der Dichter behielte das Recht, es durch die Ausstattung mit Sinn zu vergeistigen, um es für seine Zwecke zu gebrauchen. Zu verwundern wäre es aber auch nicht, wenn wir über das Versprechen vom Dichter mehr zu erfahren hätten als vom Philologen und vom Psychiater.

Ein solches Beispiel von Versprechen findet sich in *Wallenstein* (*Piccolomini*, erster Aufzug, fünfter Auftritt). Max Piccolomini hat in der vorhergehenden Szene aufs leidenschaftlichste für den Herzog Partei genommen und dabei von den Segnungen des Friedens geschwärmt, die sich ihm auf seiner Reise enthüllt, während er die Tochter Wallensteins ins Lager begleitete. Er läßt seinen Vater und den Abgesandten des Hofes, Questenberg, in voller Bestürzung zurück. Und nun geht der fünfte Auftritt weiter:

Questenberg O weh uns! Steht es so?
Freund, und wir lassen ihn in diesem Wahn
Dahingehn, rufen ihn nicht gleich
Zurück, daß wir die Augen auf der Stelle
Ihm öffnen?
Octavio (*aus einem tiefen Nachdenken zu sich kommend*) Mir hat er sie jetzt geöffnet,
Und mehr erblick ich, als mich freut.
Questenberg Was ist es, Freund?
Octavio Fluch über diese Reise!

Questenberg Wieso? Was ist es?
Octavio Kommen Sie – Ich muß
Sogleich die unglückselige Spur verfolgen,
Mit meinen Augen sehen – kommen Sie *(will ihn fortführen)*
Questenberg Was denn? Wohin?
Octavio *(pressiert)* Zu ihr!
Questenberg Zu –
Octavio *(korrigiert sich)* Zum Herzog! Gehen wir usw.

Octavio wollte sagen »zu ihm«, zum Herzog, verspricht sich aber und verrät durch seine Worte »*zu ihr*« uns wenigstens, daß er den Einfluß, welcher den jungen Kriegshelden für den Frieden schwärmen macht, sehr wohl erkannt hat.

Ein noch eindrucksvolleres Beispiel hat O. Rank bei Shakespeare entdeckt. Es findet sich im *Kaufmann von Venedig* in der berühmten Szene der Wahl des glücklichen Liebhabers zwischen den drei Kästchen, und ich kann vielleicht nichts Besseres tun, als Ihnen die kurze Darstellung von Rank hier vorlesen.

»Ein dichterisch überaus fein motiviertes und technisch glänzend verwertetes *Versprechen*, welches wie das von Freud im *Wallenstein* aufgezeigte verrät, daß die Dichter Mechanismus und Sinn dieser Fehlleistung wohl kennen und deren Verständnis auch beim Zuhörer voraussetzen, findet sich in Shakespeares *Kaufmann von Venedig* (dritter Aufzug, zweite Szene). Die durch den Willen ihres Vaters an die Wahl eines Gatten durch das Los gefesselte Porzia ist bisher allen ihren unliebsamen Freiern durch das Glück des Zufalls entronnen. Da sie endlich in Bassanio den Bewerber gefunden hat, dem sie wirklich zugetan ist, muß sie fürchten, daß auch er das falsche Los ziehen werde. Sie möchte ihm nun am liebsten sagen, daß er auch in diesem Falle ihrer Liebe sicher sein könne, ist aber durch ihr Gelübde daran gehindert. In diesem inneren Zwiespalte läßt sie der Dichter zu dem willkommenen Freier sagen:

> Ich bitt Euch, wartet; ein, zwei Tage noch,
>   Bevor Ihr wagt: denn wählt ihr falsch, so büße
> Ich Euern Umgang ein; darum verzieht.
> Ein Etwas sagt mir (*doch es ist nicht Liebe*),
> Ich möcht Euch nicht verlieren; – – –
> – – – Ich könnt Euch leiten
> Zur rechten Wahl, dann bräch ich meinen Eid;
> Das will ich nicht; so könnt Ihr mich verfehlen.
> Doch wenn Ihr's tut, macht Ihr mich sündlich wünschen,
> Ich hätt' ihn nur gebrochen. O, der Augen,
> Die mich so übersehn und mich geteilt!
> *Halb bin ich Euer, die andre Hälfte Euer –*
> *Mein wollt ich sagen;* doch wenn mein, dann Euer,
> Und so ganz Euer[1].

Gerade das, was sie ihm also bloß leise andeuten möchte, weil sie es eigentlich ihm überhaupt verschweigen sollte, daß sie nämlich schon vor der Wahl *ganz* die Seine sei und ihn liebe, das läßt der Dichter mit bewundernswertem psychologischen Feingefühl in dem Versprechen sich offen durchdrängen und weiß durch diesen Kunstgriff die unerträgliche Ungewißheit des Liebenden sowie die gleichgestimmte Spannung des Zuhörers über den Ausgang der Wahl zu beruhigen.«

Wollen Sie noch bemerken, wie fein Porzia zwischen den beiden Aussagen, die in dem Versprechen enthalten sind, am Ende vermittelt, wie sie den zwischen ihnen bestehenden Widerspruch aufhebt und schließlich doch dem Versprechen recht gibt:

> Doch, wenn mein, dann Euer,
>   Und so ganz Euer.

Gelegentlich hat auch ein der Medizin fernestehender Denker den Sinn einer Fehlleistung mit einer Bemerkung aufgedeckt und uns die Bemühung um deren Aufklärung vorweggenommen. Sie kennen alle den geistreichen Satiriker Lichtenberg (1742–1799), von dem Goethe gesagt hat: Wo er einen Spaß macht, liegt ein Problem verborgen. Nun gelegentlich kommt durch den Spaß auch die Lösung des Problems zutage. Lichtenberg notiert in seinen witzigen und satirischen Einfällen den Satz: Er las immer *Agamemnon* anstatt »angenommen«, so sehr hatte er den Homer gelesen. Das ist wirklich die Theorie des Verlesens.

Das nächstemal wollen wir prüfen, ob wir in der Auffassung der Fehlleistungen mit den Dichtern gehen können.

---

1. Nach der Übersetzung von Schlegel und Tieck.

II

Meine Damen und Herren! Wir sind das vorigemal auf den Einfall gekommen, die Fehlleistung nicht im Verhältnis zu der von ihr gestörten, beabsichtigten Leistung zu betrachten, sondern an und für sich, haben den Eindruck empfangen, daß sie in einzelnen Fällen ihren eigenen Sinn zu verraten scheint, und haben uns gesagt, wenn es in größerem Umfange zu bestätigen wäre, daß die Fehlleistung einen Sinn hat, so würde uns dieser Sinn bald interessanter werden als die Untersuchung der Umstände, unter denen die Fehlleistung zustande kommt.

Einigen wir uns noch einmal darüber, was wir unter dem »Sinn« eines psychischen Vorganges verstehen wollen. Nichts anderes als die Absicht, der er dient, und seine Stellung in einer psychischen Reihe. Für die meisten unserer Untersuchungen können wir »Sinn« auch durch »Absicht«, »Tendenz« ersetzen. War es also nur ein täuschender

Schein oder eine poetische Erhöhung der Fehlleistung, wenn wir in ihr eine Absicht zu erkennen glaubten?

Bleiben wir den Beispielen des Versprechens treu und überblicken eine größere Anzahl solcher Beobachtungen. Da finden wir denn ganze Kategorien von Fällen, in denen die Absicht, der Sinn des Versprechens klar zutage liegt. Vor allem die, in denen das Gegenteil an die Stelle des Beabsichtigten tritt. Der Präsident sagt in der Eröffnungsrede: »Ich erkläre die Sitzung für geschlossen.« Das ist doch unzweideutig. Sinn und Absicht seiner Fehlrede ist, daß er die Sitzung schließen will. »Er sagt es ja selbst«, möchte man dazu zitieren; wir brauchen ihn ja nur beim Wort zu nehmen. Stören Sie mich jetzt nicht mit der Einrede, daß dies nicht möglich ist, daß wir ja wissen, er wollte die Sitzung nicht schließen, sondern eröffnen, und daß er selbst, den wir eben als oberste Instanz anerkannt haben, bestätigen kann, daß er eröffnen wollte. Sie vergessen dabei, daß wir übereingekommen sind, die Fehlleistung zunächst an und für sich zu betrachten; ihr Verhältnis zur Intention, die sie stört, soll erst später zur Sprache kommen. Sie machen sich sonst eines logischen Fehlers schuldig, durch den Sie das in Behandlung stehende Problem glatt wegeskamotieren, was im Englischen *begging the question* heißt.

In anderen Fällen, wo man sich nicht gerade zum Gegenteil versprochen hat, kann doch durch das Versprechen ein gegensätzlicher Sinn zum Ausdruck kommen. »Ich bin nicht *geneigt*, die Verdienste meines Vorgängers zu würdigen.« Geneigt ist nicht das Gegenteil von geeignet, aber es ist ein offenes Geständnis, in scharfem Gegensatz zur Situation, in welcher der Redner sprechen soll.

In noch anderen Fällen fügt das Versprechen zu dem beabsichtigten Sinne einfach einen zweiten hinzu. Der Satz hört sich dann an wie eine Zusammenziehung, Verkürzung, Verdichtung aus mehreren Sätzen. So die energische Dame: Er kann essen und trinken, was *ich* will. Das ist gerade so, als ob sie erzählt hätte: Er kann essen und trinken, was er will; aber was hat er denn zu wollen? An seiner statt will ich. Die Versprechen machen oft den Eindruck solcher Verkürzungen, z. B. wenn ein Anatomieprofessor nach seinem Vortrag über die Nasenhöhle fragt, ob die Hörer es auch verstanden haben, und ob der allgemeinen Bejahung fortsetzt: Ich glaube kaum, denn die Leute, welche die Nasenhöhle verstehen, kann man selbst in einer Millionenstadt an *einem Finger...* Pardon, an den Fingern einer Hand abzählen. Die verkürzte Rede hat auch ihren Sinn; sie sagt, es gibt nur einen Menschen, der das versteht.

Diesen Gruppen von Fällen, in denen die Fehlleistung ihren Sinn selbst zum Vorschein bringt, stehen andere gegenüber, in denen das Versprechen nichts an sich Sinnreiches geliefert hat, die also unseren Erwartungen energisch widersprechen. Wenn jemand durch Versprechen einen Eigennamen verdreht oder ungebräuchliche Lautfolgen zusammenstellt, so scheint durch diese sehr häufigen Vorkommnisse die Frage, ob alle Fehlhandlungen etwas Sinnreiches leisten, bereits im ablehnenden Sinne entschieden zu sein. Allein bei näherem Eingehen auf solche Beispiele zeigt es sich, daß ein Verständnis dieser Entstellungen leicht möglich wird, ja daß der Unterschied zwischen diesen dunkleren und früheren klaren Fällen gar nicht so groß ist.

Ein Herr, nach dem Befinden seines Pferdes befragt, antwortet: Ja, das *draut*... Das dauert vielleicht noch einen Monat. Befragt, was er eigentlich sagen wollte, erklärt er, er habe gedacht, das sei eine *traurige* Geschichte, der Zusammenstoß von »dauert« und »traurig« habe jenes »draut« ergeben. (Meringer und Mayer.)

Ein anderer erzählt von irgendwelchen Vorgängen, die er beanständet, und setzt fort: Dann aber sind Tatsachen zum *Vorschwein* gekommen... Auf Anfragen bestätigt er, daß er diese Vorgänge als *Schweinereien* bezeichnen wollte. »Vorschein« und »Schweinerei« haben mitsammen das sonderbare »Vorschwein« entstehen lassen. (Meringer und Mayer.)

Erinnern Sie sich an den Fall des jungen Mannes, der die ihm unbekannte Dame *begleitdigen* wollte. Wir hatten uns die Freiheit genommen, diese Wortbildung in *begleiten* und *beleidigen* zu zerlegen, und fühlten uns dieser Deutung sicher, ohne für sie Bestätigung zu fordern. Sie ersehen aus diesen Beispielen, daß auch diese dunkleren Fälle des Versprechens sich durch das Zusammentreffen, die *Interferenz*, zweier verschiedener Redeabsichten erklären lassen; die Unterschiede entstehen nur dadurch, daß einmal die eine Absicht die andere völlig ersetzt (substituiert), so bei den Versprechen zum Gegenteil, während sie sich ein andermal damit begnügen muß, sie zu entstellen oder zu modifizieren, so daß Mischbildungen zustandekommen, die an sich mehr oder minder sinnreich erscheinen.

Wir glauben jetzt das Geheimnis einer großen Anzahl von Versprechen erfaßt zu haben. Halten wir an dieser Einsicht fest, so werden wir noch andere bisher rätselhafte Gruppen verstehen können. Beim Namenentstellen können wir z. B. nicht annehmen, daß es sich immer um die Konkurrenz zweier ähnlicher und doch verschiedener Namen handelt. Aber die zweite Absicht ist doch unschwer zu erraten. Die Entstellung eines Namens kommt außerhalb des Versprechens häufig genug vor; sie versucht den Namen übelklingend oder an etwas Niedriges anklingend zu machen und ist eine bekannte Art oder Unart der Schmähung, auf die der gebildete Mensch bald verzichten lernt, aber nicht gerne verzichtet. Er gestattet sich dieselbe noch oft als »Witz« von allerdings sehr geringer Würde. Um nur ein grelles und häßliches Beispiel dieser Namensentstellung anzuführen, erwähne ich, daß man den Namen des Präsidenten der französischen Republik, Poincaré, in diesen Zeiten in »Schweinskarré« umgewandelt hat. Es liegt also nahe, auch beim Versprechen eine solche schmähende Absicht anzunehmen, die sich in der Entstellung des Namens durchsetzt. Ähnliche Aufklärungen drängen sich uns in Fortführung unserer Auffassung für gewisse Fälle des Versprechens mit komischem oder absurdem Effekt auf. »Ich fordere Sie auf, auf das Wohl unseres Chefs *auf*zustoßen.« Hier wird eine feierliche Stimmung unerwarteterweise durch das Eindringen eines Wortes gestört, das eine unappetitliche Vorstellung erweckt, und wir können nach dem Vorbild gewisser Schimpf- und Trutzreden kaum anderes vermuten, als daß sich eine Tendenz zum Ausdruck bringen will, die der vorgeschobenen Verehrung energisch widerspricht und etwa sagen will: Glaubt doch nicht daran, das ist nicht mein Ernst, ich pfeif auf den Kerl u. dgl. Ganz Ähnliches gilt für Versprechen, die aus harmlosen Worten unanständige und obszöne machen, wie *Apopos* für Apropos, oder *Eischeißweibchen* für Eiweißscheibchen. (Meringer und Mayer.)

Wir kennen bei vielen Menschen eine solche Tendenz, einem gewissen Lustgewinn zuliebe harmlose Worte absichtlich in obszöne zu entstellen; sie gilt für witzig, und in Wirklichkeit müssen wir bei einem Menschen, von dem wir solches hören, erst erkunden, ob er es absichtlich als Witz geäußert hat oder ob es ihm als Versprechen passiert ist.

Nun, da hätten wir ja mit verhältnismäßig geringer Mühe das Rätsel der Fehlleistungen gelöst! Sie sind nicht Zufälligkeiten, sondern ernsthafte seelische Akte, sie haben ihren Sinn, sie entstehen durch das Zusammenwirken – vielleicht besser: Gegeneinanderwirken zweier verschiedener Absichten. Aber nun kann ich auch verstehen, daß Sie mich mit einer Fülle von Fragen und Zweifeln überschütten wollen, die zu beantworten und zu erledigen sind, ehe wir uns dieses ersten Resultats unserer Arbeit freuen dürfen. Ich will Sie gewiß nicht zu voreiligen Entscheidungen antreiben. Lassen Sie uns alles der Reihe nach, eines nach dem anderen, in kühle Erwägung ziehen.

Was wollen Sie mir wohl sagen? Ob ich meine,

daß diese Aufklärung für alle Fälle von Versprechen gilt oder nur für eine gewisse Anzahl? Ob man dieselbe Auffassung auch auf die vielen anderen Arten von Fehlleistungen ausdehnen darf, auf das Verlesen, Verschreiben, Vergessen, Vergreifen, Verlegen usw.? Was denn die Momente der Ermüdung, Erregung, Zerstreutheit, die Aufmerksamkeitsstörung angesichts der psychischen Natur der Fehlleistungen noch zu bedeuten haben? Ferner, man sieht ja wohl, daß von den beiden konkurrierenden Tendenzen der Fehlleistungen die eine immer offenkundig ist, die andere aber nicht immer. Was man dann tut, um diese letztere zu erraten, und wenn man glaubt, sie erraten zu haben, wie man den Nachweis führt, daß sie nicht bloß wahrscheinlich, sondern die einzig richtige ist? Haben Sie noch etwas zu fragen? Wenn nicht, so setze ich selbst fort. Ich erinnere Sie daran, daß uns eigentlich an den Fehlleistungen selbst nicht viel gelegen ist, daß wir aus ihrem Studium nur etwas für die Psychoanalyse Verwertbares lernen wollten. Darum stelle ich die Frage auf: was sind das für Absichten oder Tendenzen, die andere in solcher Weise stören können, und welche Beziehungen bestehen zwischen den störenden Tendenzen und den gestörten? So fängt unsere Arbeit erst nach der Lösung des Problems von neuem an.

Also, ob dies die Aufklärung aller Fälle von Versprechen ist? Ich bin sehr geneigt, dies zu glauben, und zwar darum, weil sich jedesmal, so oft man einen Fall von Versprechen untersucht, eine derartige Auflösung finden läßt. Aber es läßt sich auch nicht beweisen, daß ein Versprechen ohne solchen

Mechanismus nicht vorfallen kann. Es mag so sein; für uns ist es theoretisch gleichgültig, denn die Schlüsse, welche wir für die Einführung in die Psychoanalyse ziehen wollen, bleiben bestehen, wenn auch nur, was gewiß nicht der Fall ist, eine Minderzahl von Fällen des Versprechens unserer Auffassung unterliegen sollte. Die nächste Frage, ob wir auf die anderen Arten der Fehlleistungen das ausdehnen dürfen, was sich uns für das Versprechen ergeben hat, will ich vorgreifend mit ja beantworten. Sie werden sich selbst davon überzeugen, wenn wir uns dazu wenden, Beispiele des Verschreibens, Vergreifens usw. in Untersuchung zu ziehen. Ich schlage Ihnen aber aus technischen Gründen vor, diese Arbeit aufzuschieben, bis wir das Versprechen selbst noch gründlicher behandelt haben.

Die Frage, was die von den Autoren in den Vordergrund gerückten Momente der Zirkulationsstörung, Ermüdung, Erregung, Zerstreutheit, die Theorie der Aufmerksamkeitsstörung uns noch bedeuten können, wenn wir den beschriebenen psychischen Mechanismus des Versprechens annehmen, verdient eine eingehendere Beantwortung. Bemerken Sie wohl, wir bestreiten diese Momente nicht. Es kommt überhaupt nicht so häufig vor, daß die Psychoanalyse etwas bestreitet, was von anderer Seite behauptet wird; sie fügt in der Regel nur etwas Neues hinzu, und gelegentlich trifft es sich freilich, daß dies bisher Übersehene und nun neu Dazugekommene gerade das Wesentliche ist. Der Einfluß der physiologischen Dispositionen, die durch leichtes Unwohlsein, Zirkulationsstörungen, Erschöpfungszustände gegeben werden, ist für das

Zustandekommen des Versprechens ohne weiteres anzuerkennen; tägliche und persönliche Erfahrung kann Sie davon überzeugen. Aber wie wenig ist damit erklärt! Vor allem sind es nicht notwendige Bedingungen der Fehlleistung. Das Versprechen ist ebensowohl bei voller Gesundheit und normalem Befinden möglich. Diese körperlichen Momente haben also nur den Wert von Erleichterungen und Begünstigungen für den eigentümlichen seelischen Mechanismus des Versprechens. Ich habe für diese Beziehung einmal ein Gleichnis gebraucht, das ich nun wiederholen werde, weil ich es durch kein besseres zu ersetzen weiß. Nehmen Sie an, ich ginge in dunkler Nachtstunde an einem einsamen Orte, würde dort von einem Strolch überfallen, der mir Uhr und Börse wegnimmt, und trüge dann, weil ich das Gesicht des Räubers nicht deutlich gesehen habe, meine Klage auf der nächsten Polizeistation mit den Worten vor: Einsamkeit und Dunkelheit haben mich soeben meiner Kostbarkeiten beraubt. Der Polizeikommissär kann mir darauf sagen: Sie scheinen da mit Unrecht einer extrem mechanistischen Auffassung zu huldigen. Stellen wir den Sachverhalt lieber so dar: Unter dem Schutz der Dunkelheit, von der Einsamkeit begünstigt, hat Ihnen ein unbekannter Räuber Ihre Wertsachen entrissen. Die wesentliche Aufgabe an Ihrem Falle scheint mir zu sein, daß wir den Räuber ausfindig machen. Vielleicht können wir ihm dann den Raub wieder abnehmen.

Die psycho-physiologischen Momente wie Aufregung, Zerstreutheit, Aufmerksamkeitsstörung leisten uns offenbar sehr wenig für die Zwecke der

Erklärung. Es sind nur Redensarten, spanische Wände, hinter welche zu gucken wir uns nicht abhalten lassen sollen. Es fragt sich vielmehr, was hier die Erregung, die besondere Ablenkung der Aufmerksamkeit hervorgerufen hat. Die Lauteinflüsse, Wortähnlichkeiten und die von den Worten auslaufenden gebräuchlichen Assoziationen sind wiederum als bedeutsam anzuerkennen. Sie erleichtern das Versprechen, indem sie ihm die Wege weisen, die es wandeln kann. Aber wenn ich einen Weg vor mir habe, ist damit auch wie selbstverständlich entschieden, daß ich ihn gehen werde? Es bedarf noch eines Motivs, damit ich mich zu ihm entschließe, und überdies einer Kraft, die mich auf diesem Wege vorwärts bringt. Diese Laut- und Wortbeziehungen sind also auch nur wie die körperlichen Dispositionen Begünstigungen des Versprechens und können seine eigentliche Aufklärung nicht geben. Denken Sie doch daran, in einer ungeheuern Überzahl von Fällen wird meine Rede nicht durch den Umstand gestört, daß die von mir gebrauchten Worte durch Klangähnlichkeit an andere erinnern, daß sie mit ihren Gegenteilen innig verknüpft sind oder daß gebräuchliche Assoziationen von ihnen ausgehen. Man könnte noch mit dem Philosophen Wundt die Auskunft finden, daß das Versprechen zustande kommt, wenn infolge von körperlicher Erschöpfung die Assoziationsneigungen die Oberhand über die sonstige Redeintention gewinnen. Das ließe sich sehr gut hören, wenn dem nicht die Erfahrung widerspräche, nach deren Zeugnis in einer Reihe von Fällen die körperlichen, in einer anderen die Assoziationsbegünstigungen des Versprechens vermißt werden.

Besonders interessant ist mir aber Ihre nächste Frage, auf welche Weise man die beiden miteinander in Interferenz tretenden Tendenzen feststellt. Sie ahnen wahrscheinlich nicht, wie folgenschwer sie ist. Nicht wahr, die eine der beiden, die gestörte Tendenz, ist immer unzweifelhaft: die Person, welche die Fehlleistung begeht, kennt sie und bekennt sich zu ihr. Anlaß zu Zweifeln und Bedenken kann nur die andere, die störende, geben. Nun, wir haben schon gehört und Sie haben es gewiß nicht vergessen, daß in einer Reihe von Fällen diese andere Tendenz ebenso deutlich ist. Sie wird durch den Effekt des Versprechens angezeigt, wenn wir nur den Mut haben, diesen Effekt für sich gelten zu lassen. Der Präsident, der sich zum Gegenteil verspricht – es ist klar, er will die Sitzung eröffnen, aber ebenso klar, er möchte sie auch schließen. Das ist so deutlich, daß zum Deuten nichts übrig bleibt. Aber die anderen Fälle, in denen die störende Tendenz die ursprüngliche nur entstellt, ohne sich selbst ganz zum Ausdruck zu bringen, wie errät man bei ihnen die störende Tendenz aus der Entstellung?

In einer ersten Reihe von Fällen auf sehr einfache und sichere Weise, auf dieselbe Weise nämlich, wie man die gestörte Tendenz feststellt. Diese läßt man sich ja vom Redner unmittelbar mitteilen; nach dem Versprechen stellt er den ursprünglich beabsichtigten Wortlaut sofort wieder her. »Das *draut*, nein, das dauert vielleicht noch einen Monat.« Nun, die entstellende Tendenz läßt man gleichfalls von ihm aussprechen. Man fragt ihn: Ja, warum haben Sie denn zuerst »draut« gesagt? Er antwortet: Ich wollte sagen: Das ist eine *traurige* Geschichte, und im anderen Falle, beim Versprechen »Vorschwein«, bestätigt er Ihnen ebenso, daß er zuerst sagen wollte: Das ist eine *Schweinerei*, sich aber dann mäßigte und in eine andere Aussage einlenkte. Die Feststellung der entstellenden Tendenz ist hier also ebenso sicher gelungen wie die der entstellten. Ich habe auch nicht ohne Absicht hier Beispiele herangezogen, deren Mitteilung und Auflösung weder von mir noch von einem meiner Anhänger herrühren. Doch war in diesen beiden Fällen ein gewisser Eingriff notwendig, um die Lösung zu fördern. Man mußte den Redner fragen, warum er sich so versprochen habe, was er zu dem Versprechen zu sagen wisse. Sonst wäre er vielleicht an seinem Versprechen vorbeigegangen, ohne es aufklären zu wollen. Befragt, gab er aber die Erklärung mit dem ersten Einfall, der ihm kam. Und nun sehen Sie, dieser kleine Eingriff und sein Erfolg, das ist bereits eine Psychoanalyse und das Vorbild jeder psychoanalytischen Untersuchung, die wir im weiteren anstellen werden.

Bin ich nun zu mißtrauisch, wenn ich vermute, daß in demselben Moment, da die Psychoanalyse vor Ihnen auftaucht, auch der Widerstand gegen sie bei Ihnen sein Haupt erhebt? Haben Sie nicht Lust, mir einzuwenden, daß die Auskunft der befragten Person, die das Versprechen geleistet, nicht völlig beweiskräftig sei? Er habe natürlich das Bestreben, meinen Sie, der Aufforderung zu folgen, das Versprechen zu erklären, und da sage er eben das erste beste, was ihm einfalle, wenn es ihm zu einer solchen Erklärung tauglich erscheine. Ein Beweis, daß das Versprechen wirklich so zugegangen, sei damit nicht gegeben. Ja es könne so sein, aber ebensowohl auch anders. Es hätte ihm auch etwas anderes einfallen können, was ebenso gut und vielleicht besser gepaßt hätte.

Es ist merkwürdig, wie wenig Respekt Sie im Grunde vor einer psychischen Tatsache haben! Denken Sie sich, jemand habe die chemische Analyse einer gewissen Substanz vorgenommen und von einem Bestandteil derselben ein gewisses Gewicht, so und soviel Milligramm, gewonnen. Aus dieser Gewichtsmenge lassen sich bestimmte Schlüsse ziehen. Glauben Sie nun, daß es je einem Chemiker einfallen wird, diese Schlüsse mit der Motivierung zu bemängeln: die isolierte Substanz hätte auch ein anderes Gewicht haben können? Jeder beugt sich vor der Tatsache, daß es eben dies Gewicht und kein anderes war, und baut auf ihr zuversichtlich seine weiteren Schlüsse auf. Nur wenn die psychische Tatsache vorliegt, daß dem Befragten ein bestimmter Einfall gekommen ist, dann lassen Sie das nicht gelten und sagen, es hätte ihm auch etwas anderes einfallen können! Sie haben eben die Illusion einer psychischen Freiheit in sich und mögen auf sie nicht verzichten. Es tut mir leid, daß ich mich hierin in schärfstem Widerspruch zu Ihnen befinde.

Nun werden Sie hier abbrechen, aber nur um den Widerstand an einer anderen Stelle wiederaufzunehmen. Sie fahren fort: Wir verstehen, daß es die besondere Technik der Psychoanalyse ist, sich die

Lösung ihrer Probleme von den Analysierten selbst sagen zu lassen. Nun nehmen wir ein anderes Beispiel her, jenes, in dem der Festredner die Versammlung auffordert, auf das Wohl des Chefs *auf*zustoßen. Sie sagen, die störende Intention ist in diesem Falle die der Schmähung: sie ist es, die sich dem Ausdruck der Verehrung widersetzt. Aber das ist bloße Deutung von Ihrer Seite, gestützt auf Beobachtungen *außerhalb* des Versprechens. Wenn Sie in diesem Falle den Urheber des Versprechens befragen, wird er Ihnen nicht bestätigen, daß er eine Schmähung beabsichtigte; er wird es vielmehr energisch in Abrede stellen. Warum geben Sie Ihre unbeweisbare Deutung nicht gegen diesen klaren Einspruch auf?

Ja, diesmal haben Sie etwas Starkes herausgefunden. Ich stelle mir den unbekannten Festredner vor; er ist wahrscheinlich ein Assistent des gefeierten Chefs, vielleicht schon Privatdozent, ein junger Mann mit den besten Lebenschancen. Ich will in ihn drängen, ob er nicht doch etwas verspürt hat, was sich der Aufforderung zur Verehrung des Chefs widersetzt haben mag. Da komme ich aber schön an. Er wird ungeduldig und fährt plötzlich auf mich los: »Sie, jetzt hören's einmal auf mit Ihrer Ausfragerei, sonst werd' ich ungemütlich. Sie verderben mir noch die ganze Karriere durch Ihre Verdächtigungen. Ich hab' einfach *auf*stoßen anstatt anstoßen gesagt, weil ich im selben Satz schon zweimal vorher *auf* ausgesprochen habe. Das ist das, was der Meringer einen Nachklang heißt, und weiter ist daran nichts zu deuten. Verstehen Sie mich? Basta.« Hm, das ist eine überraschende Reaktion, eine wirklich energische Ablehnung. Ich sehe, bei dem jungen Mann ist nichts auszurichten, denke mir aber auch, er verrät ein starkes persönliches Interesse daran, daß seine Fehlleistung keinen Sinn haben soll. Sie werden vielleicht auch finden, es ist nicht recht, daß er gleich so grob wird bei einer rein theoretischen Untersuchung, aber schließlich, werden Sie meinen, muß er doch eigentlich wissen, was er sagen wollte und was nicht. So, muß er das? Das wäre vielleicht noch die Frage.

Jetzt glauben Sie mich aber in der Hand zu haben. Das ist also Ihre Technik, höre ich Sie sagen. Wenn der Betreffende, der ein Versprechen von sich gegeben hat, etwas dazu sagt, was Ihnen paßt, dann erklären Sie ihn für die letzte entscheidende Autorität darüber. »Er sagt es ja selbst!« Wenn Ihnen aber das, was er sagt, nicht in Ihren Kram paßt, dann behaupten Sie auf einmal, der gilt nichts, dem braucht man nicht zu glauben.

Das stimmt allerdings. Ich kann Ihnen aber einen ähnlichen Fall vorstellen, in dem es ebenso ungeheuerlich zugeht. Wenn ein Angeklagter vor dem Richter sich zu seiner Tat bekennt, so glaubt der Richter dem Geständnis; wenn er aber leugnet, so glaubt ihm der Richter nicht. Wäre es anders, so gäbe es keine Rechtspflege, und trotz gelegentlicher Irrtümer müssen Sie dieses System doch wohl gelten lassen.

Ja, sind Sie denn der Richter, und der, welcher ein Versprechen begangen hat, ein vor Ihnen Angeklagter? Ist denn ein Versprechen ein Vergehen?

Vielleicht brauchen wir selbst diesen Vergleich nicht abzulehnen. Aber sehen Sie nur, zu welchen tiefgreifenden Differenzen wir bei einiger Vertiefung in die scheinbar so harmlosen Probleme der Fehlleistungen gekommen sind. Differenzen, die wir derzeit noch gar nicht auszugleichen verstehen. Ich biete Ihnen ein vorläufiges Kompromiß an auf Grund des Gleichnisses vom Richter und vom Angeklagten. Sie sollen mir zugeben, daß der Sinn einer Fehlleistung keinen Zweifel zuläßt, wenn der Analysierte ihn selbst zugibt. Ich will Ihnen dafür zugestehen, daß ein direkter Beweis des vermuteten Sinnes nicht zu erreichen ist, wenn der Analysierte die Auskunft verweigert, natürlich ebenso, wenn er nicht zur Hand ist, um uns Auskunft zu geben. Wir sind dann, wie im Falle der Rechtspflege, auf Indizien angewiesen, welche uns eine Entscheidung einmal mehr, ein andermal weniger wahrscheinlich machen können. Bei Gericht muß man aus praktischen Gründen auch auf Indizienbeweise hin schuldig sprechen. Für uns besteht eine solche Nötigung nicht; wir sind aber auch nicht gezwungen, auf die Verwertung solcher Indizien zu verzichten. Es wäre ein Irrtum zu glauben, daß eine Wissenschaft aus lauter streng bewiesenen Lehrsätzen besteht, und ein Unrecht, solches zu fordern. Diese Forderung erhebt nur ein autoritätssüchtiges Gemüt, welches das Bedürfnis hat, seinen religiösen Katechismus durch einen anderen, wenn auch wissenschaftlichen, zu ersetzen. Die Wissenschaft hat in ihrem Katechismus nur wenige apodiktische Sätze, sonst Behauptungen, die sie bis zu gewissen Stufengraden von Wahrscheinlichkeit gefördert hat. Es ist geradezu ein Zeichen von wissenschaftlicher Denkungsart, wenn man an diesen Annäherungen an die Gewißheit sein Genüge finden und die konstruktive Arbeit trotz der mangelnden letzten Bekräftigungen fortsetzen kann.

Woher nehmen wir aber die Anhaltspunkte für unsere Deutungen, die Indizien für unseren Beweis im Falle, daß die Aussage des Analysierten den Sinn der Fehlleistung nicht selbst aufklärt? Von verschiedenen Seiten her. Zunächst aus der Analogie mit Phänomenen außerhalb der Fehlleistungen, z. B. wenn wir behaupten, daß das Namenentstellen als Versprechen denselben schmähenden Sinn hat wie das absichtliche Namenverdrehen. Sodann aber aus der psychischen Situation, in welcher sich die Fehlleistung ereignet, aus unserer Kenntnis des Charakters der Person, welche die Fehlhandlung begeht, und der Eindrücke, welche diese Person vor der Fehlleistung betroffen haben, auf die sie möglicherweise mit dieser Fehlleistung reagiert. In der Regel geht es so vor sich, daß wir nach allgemeinen Grundsätzen die Deutung der Fehlleistung vollziehen, die also zunächst nur eine Vermutung, ein Vorschlag zur Deutung ist, und uns dann die Bestätigung aus der Untersuchung der psychischen Situation holen. Manchmal müssen wir auch kommende Ereignisse abwarten, welche sich durch die Fehlleistung gleichsam angekündigt haben, um unsere Vermutung bekräftigt zu finden.

Ich kann Ihnen die Belege hiezu nicht leichter erbringen, wenn ich mich auf das Gebiet des Versprechens einschränken soll, obwohl sich auch hier einzelne gute Beispiele ergeben. Der junge Mann, der eine Dame *begleitdigen* möchte, ist gewiß ein Schüchterner; die Dame, deren Mann essen und trinken darf, was *sie* will, kenne ich als eine der energischen Frauen, die das Regiment im Hause zu führen verstehen. Oder nehmen Sie folgenden Fall: In einer Generalversammlung der »Concordia« hält ein junges Mitglied eine heftige Oppositionsrede, in deren Verlauf er die Vereinsleitung als die Herren »*Vorschuß*mitglieder« anredet, was aus Vorstand und *Ausschuß* zusammengesetzt erscheint. Wir werden vermuten, daß sich bei ihm eine störende Tendenz gegen seine Opposition regte, die sich auf etwas, was mit einem Vorschuß zu tun hatte, stützen konnte. In der Tat erfahren wir von unserem Gewährsmann, daß der Redner in steten Geldnöten war und gerade damals ein Darlehensgesuch eingebracht hatte. Als störende Intention ist also wirklich der Gedanke einzusetzen: mäßige dich in deiner Opposition; es sind dieselben Leute, die dir den Vorschuß bewilligen sollen.

Ich kann Ihnen aber eine reiche Auswahl solcher Indizienbeweise vorlegen, wenn ich auf das weite Gebiet der anderen Fehlleistungen übergreife.

Wenn jemand einen ihm sonst vertrauten Eigennamen vergißt oder ihn trotz aller Mühe nur schwer behalten kann, so liegt uns die Annahme nahe, daß er etwas gegen den Träger dieses Namens hat, so daß er nicht gerne an ihn denken mag; nehmen Sie die nachstehenden Aufdeckungen der psychischen Situation, in welcher diese Fehlleistung eintrat, hinzu:

»Ein Herr Y verliebte sich erfolglos in eine Dame, welche bald darauf einen Herrn X heiratete. Trotzdem nun Herr Y den Herrn X schon seit geraumer Zeit kennt und sogar in geschäftlichen Verbindungen mit ihm steht, vergißt er immer und immer wieder dessen Namen, so daß er sich mehrere Male bei anderen Leuten danach erkundigen mußte, als er mit Herrn X korrespondieren wollte.[1]«

Herr Y will offenbar nichts von seinem glücklichen Rivalen wissen. »Nicht gedacht soll seiner werden.«

Oder: Eine Dame erkundigt sich bei dem Arzt nach einer gemeinsamen Bekannten, nennt sie aber bei ihrem Mädchennamen. Den in der Heirat angenommenen Namen hat sie vergessen. Sie gesteht dann zu, daß sie mit dieser Heirat sehr unzufrieden war und den Mann dieser Freundin nicht leiden mochte[2].

Wir werden vom Namenvergessen noch in anderen Hinsichten manches zu sagen haben; jetzt interessiert uns vorwiegend die psychische Situation, in welche das Vergessen fällt.

Das Vergessen von Vorsätzen läßt sich ganz allgemein auf eine gegensätzliche Strömung zurückführen, welche den Vorsatz nicht ausführen will. So denken aber nicht nur wir in der Psychoanalyse, sondern es ist die allgemeine Auffassung der Menschen, der sie im Leben alle anhängen, die sie erst in der Theorie verleugnen. Der Gönner, der sich vor seinem Schützling entschuldigt, er habe dessen Bitte vergessen, ist vor ihm nicht gerechtfertigt. Der Schützling denkt sofort: Dem liegt nichts daran; er hat es zwar versprochen, aber er will es eigentlich nicht tun. In gewissen Beziehungen ist daher auch im Leben das Vergessen verpönt, die Differenz zwischen der populären und der psychoanalytischen Auffassung dieser Fehlleistungen scheint aufgehoben. Stellen Sie sich eine Hausfrau vor, die den Gast mit den Worten empfängt: Was, heute kommen Sie? Ich habe ja ganz vergessen, daß ich Sie für heute eingeladen hatte. Oder den jungen Mann, welcher der Geliebten gestehen sollte, daß er vergessen hatte, das letztbesprochene Rendezvous einzuhalten. Er wird es gewiß nicht gestehen, lieber aus dem Stegreife die unwahrscheinlichsten Hindernisse erfinden, die ihn damals abgehalten haben zu kommen und es ihm seither unmöglich gemacht haben, davon Nachricht zu geben. Daß in militärischen Dingen die Entschuldigung, etwas vergessen zu haben, nichts nützt und vor keiner Strafe schützt, wissen wir alle und müssen es berechtigt finden. Hier sind mit einem Male alle Menschen darin einig, daß eine bestimmte Fehlhandlung sinnreich ist und welchen Sinn sie hat. Warum sind sie nicht konsequent genug, diese Einsicht auf die anderen Fehlleistungen auszudehnen und sich voll zu ihr zu bekennen? Es gibt natürlich auch hierauf eine Antwort.

Wenn der Sinn dieses Vergessens von Vorsätzen auch den Laien so wenig zweifelhaft ist, so werden Sie um so weniger überrascht sein zu finden, daß Dichter diese Fehlleistung in demselben Sinne verwerten. Wer von Ihnen *Cäsar und Kleopatra* von B. Shaw gesehen oder gelesen hat, wird sich erinnern, daß der scheidende Cäsar in der letzten Szene von der Idee verfolgt wird, er habe sich noch etwas vorgenommen, was er aber jetzt vergessen habe. Endlich stellt sich heraus, was das ist: von der Kleopatra Abschied zu nehmen. Diese kleine Veranstaltung des Dichters will dem großen Cäsar eine

Überlegenheit zuschreiben, die er nicht besaß und nach der er gar nicht strebte. Sie können aus den geschichtlichen Quellen erfahren, daß Cäsar die Kleopatra nach Rom nachkommen ließ und daß sie dort mit ihrem kleinen Cäsarion weilte, als Cäsar ermordet wurde, worauf sie flüchtend die Stadt verließ.

Die Fälle des Vergessens von Vorsätzen sind im allgemeinen so klar, daß sie für unsere Absicht, Indizien für den Sinn der Fehlleistung aus der psychischen Situation abzuleiten, wenig brauchbar sind. Wenden wir uns darum zu einer besonders vieldeutigen und undurchsichtigen Fehlhandlung, zum Verlieren und Verlegen. Daß beim Verlieren, einer oft so schmerzlich empfundenen Zufälligkeit, wir selbst mit einer Absicht beteiligt sein sollten, werden Sie gewiß nicht glaubwürdig finden. Aber es gibt reichlich Beobachtungen wie diese: Ein junger Mann verliert seinen Crayon, der ihm sehr lieb gewesen war. Tags zuvor hatte er einen Brief von seinem Schwager erhalten, der mit den Worten schloß: Ich habe vorläufig weder Lust noch Zeit, Deinen Leichtsinn und Deine Faulheit zu unterstützen[3]. Der Bleistift war aber gerade ein Geschenk dieses Schwagers. Ohne dieses Zusammentreffen könnten wir natürlich nicht behaupten, daß an diesem Verlieren die Absicht beteiligt war, sich der Sache zu entledigen. Ähnliche Fälle sind sehr häufig. Man verliert Gegenstände, wenn man sich mit dem Geber derselben verfeindet hat und nicht mehr an ihn erinnert werden will, oder auch, wenn man sie selbst nicht mehr mag und sich einen Vorwand schaffen will, sie durch andere und bessere zu ersetzen. Derselben Absicht gegen einen Gegenstand dient natürlich auch das Fallenlassen, Zerbrechen, Zerschlagen. Kann man es für zufällig halten, wenn ein Schulkind gerade vor seinem Geburtstag seine Gebrauchsgegenstände verliert, ruiniert, zerbricht, z. B. seine Schultasche und seine Taschenuhr?

Wer genug oft die Pein erlebt hat, etwas nicht auffinden zu können, was er selbst weggelegt hat, wird auch an die Absicht beim Verlegen nicht glauben wollen. Und doch sind die Beispiele gar nicht selten, in denen die Begleitumstände des Verlegens auf eine Tendenz hinweisen, den Gegenstand zeitweilig oder dauernd zu beseitigen. Vielleicht das schönste Beispiel dieser Art ist folgendes:

Ein jüngerer Mann erzählt mir: »Es gab vor einigen Jahren Mißverständnisse in meiner Ehe, ich fand meine Frau zu kühl, und obwohl ich ihre vortrefflichen Eigenschaften gerne anerkannte, lebten wir ohne Zärtlichkeit nebeneinander. Eines Tages brachte sie mir von einem Spaziergange ein Buch mit, das sie gekauft hatte, weil es mich interessieren dürfte. Ich dankte für dieses Zeichen von ›Aufmerksamkeit‹, versprach das Buch zu lesen, legte es mir zurecht und fand es nicht wieder. Monate vergingen so, in denen ich mich gelegentlich an dies verschollene Buch erinnerte und es auch vergeblich aufzufinden versuchte. Etwa ein halbes Jahr später erkrankte meine, getrennt von uns wohnende, geliebte Mutter. Meine Frau verließ das Haus, um ihre Schwiegermutter zu pflegen. Der Zustand der Kranken wurde ernst und gab meiner Frau Gelegenheit, sich von ihren besten Seiten zu zeigen. Eines Abends komme ich begeistert von der Leistung meiner Frau und dankerfüllt gegen sie nach Hause. Ich trete zu meinem Schreibtisch, öffne ohne bestimmte Absicht, aber wie mit somnambuler Sicherheit eine bestimmte Lade desselben, und zu oberst in ihr finde ich das so lange vermißte, das verlegte Buch.«

Mit dem Erlöschen des Motivs fand auch das Verlegtsein des Gegenstandes ein Ende.

Meine Damen und Herren! Ich könnte diese Sammlung von Beispielen ins Ungemessene vermehren. Ich will es aber hier nicht tun. In meiner *Psychopathologie des Alltagslebens* (1901 zuerst erschienen) finden Sie ohnedies eine überreiche Kasuistik zum Studium der Fehlleistungen[4]. Alle diese Beispiele ergeben immer wieder das nämliche; sie machen Ihnen wahrscheinlich, daß Fehlleistungen einen Sinn haben, und zeigen Ihnen, wie man diesen Sinn aus den Begleitumständen errät oder bestätigt. Ich fasse mich heute kürzer, weil wir uns ja auf die Absicht eingeschränkt haben, aus dem Studium dieser Phänomene Gewinn für eine Vorbereitung zur Psychoanalyse zu ziehen. Nur auf zwei Gruppen von Beobachtungen muß ich hier noch eingehen, auf die gehäuften und kombinierten Fehlleistungen und auf die Bestätigung unserer Deutungen durch später eintreffende Ereignisse.

Die gehäuften und kombinierten Fehlleistungen sind gewiß die höchste Blüte ihrer Gattung. Käme es uns darauf an, zu beweisen, daß Fehlleistungen einen Sinn haben können, so hätten wir uns von vornherein auf sie beschränkt, denn bei ihnen ist der Sinn selbst für eine stumpfe Einsicht unverkennbar und weiß sich dem kritischesten Urteil aufzudrängen. Die Häufung der Äußerungen verrät eine Hartnäckigkeit, wie sie dem Zufall fast niemals zukommt, aber dem Vorsatz gut ansteht. Endlich die Vertauschung der einzelnen Arten von Fehlleistung miteinander zeigt uns, was das Wichtige und Wesentliche der Fehlleistung ist: nicht die Form derselben oder die Mittel, deren sie sich bedient, sondern die Absicht, der sie selbst dient und die auf den verschiedensten Wegen erreicht werden soll. So will ich Ihnen einen Fall von wiederholtem Vergessen vorführen: E. Jones erzählt, daß er einmal aus ihm unbekannten Motiven einen Brief mehrere Tage lang auf seinem Schreibtisch hatte liegen lassen. Endlich entschloß er sich dazu, ihn aufzugeben, erhielt ihn aber vom »*Dead letter office*« zurück, denn er hatte vergessen, die Adresse zu schreiben. Nachdem er ihn adressiert hatte, brachte er ihn zur Post, aber diesmal ohne Briefmarke. Und nun mußte er sich die Abneigung, den Brief überhaupt abzusenden, endlich eingestehen.

In einem anderen Falle kombiniert sich ein Vergreifen mit einem Verlegen. Eine Dame reist mit ihrem Schwager, einem berühmten Künstler, nach Rom. Der Besucher wird von den in Rom lebenden Deutschen sehr gefeiert und erhält unter anderem eine goldene Medaille antiker Herkunft zum Geschenk. Die Dame kränkt sich darüber, daß ihr Schwager das schöne Stück nicht genug zu schätzen weiß. Nachdem sie, von ihrer Schwester abgelöst, wieder zu Hause angelangt ist, entdeckt sie beim Auspacken, daß sie die Medaille – sie weiß nicht wie – mitgenommen hat. Sie teilt es sofort dem

Schwager brieflich mit und kündigt ihm an, daß sie das Entführte am nächsten Tage nach Rom zurückschicken wird. Am nächsten Tage aber ist die Medaille so geschickt verlegt, daß sie unauffindbar und unabsendbar ist, und dann dämmert der Dame, was ihre »Zerstreutheit« bedeute, nämlich, daß sie das Stück für sich selbst behalten wolle[5].

Ich habe Ihnen schon früher ein Beispiel der Kombination eines Vergessens mit einem Irrtum berichtet, wie jemand ein erstesmal ein Rendezvous vergißt und das zweitemal mit dem Vorsatz, gewiß nicht zu vergessen, zu einer anderen als der verabredeten Stunde erscheint. Einen ganz analogen Fall hat mir aus seinem eigenen Erleben ein Freund erzählt, der außer wissenschaftlichen auch literarische Interessen verfolgt. Er sagt: »Ich habe vor einigen Jahren die Wahl in den Ausschuß einer bestimmten literarischen Vereinigung angenommen, weil ich vermutete, die Gesellschaft könnte mir einmal behilflich sein, eine Aufführung meines Dramas durchzusetzen, und nahm regelmäßig, wenn auch ohne viel Interesse, an den jeden Freitag stattfindenden Sitzungen teil. Vor einigen Monaten erhielt ich nun die Zusicherung einer Aufführung am Theater in F. und seither passierte es mir regelmäßig, daß ich die Sitzungen jenes Vereins *vergaß*. Als ich Ihre Schrift über diese Dinge las, schämte ich mich meines Vergessens, machte mir Vorwürfe, es sei doch eine Gemeinheit, daß ich jetzt ausbleibe, nachdem ich die Leute nicht mehr brauche, und beschloß, nächsten Freitag gewiß nicht zu vergessen. Ich erinnerte mich an diesen Vorsatz immer wieder, bis ich ihn ausführte und vor der Tür des Sitzungssaales stand. Zu meinem Erstaunen war sie geschlossen, die Sitzung war schon vorüber; ich hatte mich nämlich im Tage geirrt: es war schon Samstag!«

Es wäre reizvoll genug, ähnliche Beobachtungen zu sammeln, aber ich gehe weiter; ich will Sie einen Blick auf jene Fälle werfen lassen, in denen unsere Deutung auf Bestätigung durch die Zukunft warten muß.

Die Hauptbedingung dieser Fälle ist begreiflicherweise, daß die gegenwärtige psychische Situation uns unbekannt oder unserer Erkundigung unzugänglich ist. Dann hat unsere Deutung nur den Wert einer Vermutung, der wir selbst nicht zuviel Gewicht beilegen wollen. Später ereignet sich aber etwas, was uns zeigt, wie berechtigt unsere Deutung schon damals war. Einst war ich als Gast bei einem jungverheirateten Paare und hörte die junge Frau lachend ihr letztes Erlebnis erzählen, wie sie am Tage nach der Rückkehr von der Reise wieder ihre ledige Schwester aufgesucht habe, um mit ihr, wie in früheren Zeiten, Einkäufe zu machen, während der Ehemann seinen Geschäften nachging. Plötzlich sei ihr ein Herr auf der anderen Seite der Straße aufgefallen und sie habe, ihre Schwester anstoßend, gerufen: Schau, dort geht ja der Herr L. Sie hatte vergessen, daß dieser Herr seit einigen Wochen ihr Ehegemahl war. Mich schauerte bei dieser Erzählung, aber ich getraute mich der Folgerung nicht. Die kleine Geschichte fiel mir erst Jahre später wieder ein, nachdem diese Ehe den unglücklichsten Ausgang genommen hatte.

A. Maeder erzählt von einer Dame, die am Tage

vor ihrer Hochzeit ihr Hochzeitskleid zu probieren vergessen hatte und sich zur Verzweiflung der Schneiderin erst spät abends daran erinnerte. Er bringt es in Zusammenhang mit diesem Vergessen, daß sie bald nachher von ihrem Manne geschieden war. – Ich kenne eine jetzt von ihrem Manne geschiedene Dame, die bei der Verwaltung ihres Vermögens Dokumente häufig mit ihrem Mädchennamen unterzeichnet hat, viele Jahre vorher, ehe sie diesen wirklich annahm. – Ich weiß von anderen Frauen, die auf der Hochzeitsreise ihren Ehering verloren haben, und weiß auch, daß der Verlauf der Ehe diesem Zufall Sinn verliehen hat. Und nun noch ein grelles Beispiel mit besserem Ausgang. Man erzählt von einem berühmten deutschen Chemiker, daß seine Ehe darum nicht zustande kam, weil er die Stunde der Trauung vergessen hatte und anstatt in die Kirche ins Laboratorium gegangen war. Er war so klug, es bei dem einen Versuch bewenden zu lassen, und starb unverehelicht in hohem Alter.

Vielleicht ist Ihnen auch der Einfall gekommen, daß in diesen Beispielen die Fehlhandlungen an die Stelle der Omina oder Vorzeichen der Alten getreten sind. Und wirklich, ein Teil der Omina waren nichts anderes als Fehlleistungen, z. B. wenn jemand stolperte oder niederfiel. Ein anderer Teil trug allerdings die Charaktere des objektiven Geschehens, nicht die des subjektiven Tuns. Aber Sie würden nicht glauben, wie schwer es manchmal wird, bei einem bestimmten Vorkommnis zu entscheiden, ob es zu der einen oder zu der anderen Gruppe gehört. Das Tun versteht es so häufig, sich als ein passives Erleben zu maskieren.

Jeder von uns, der auf längere Lebenserfahrung zurückblicken kann, wird sich wahrscheinlich sagen, daß er sich viele Enttäuschungen und schmerzliche Überraschungen erspart hätte, wenn er den Mut und Entschluß gefunden, die kleinen Fehlhandlungen im Verkehr der Menschen als Vorzeichen zu deuten und als Anzeichen ihrer noch geheimgehaltenen Absichten zu verwerten. Man wagt es meist nicht; man käme sich so vor, als würde man auf dem Umwege über die Wissenschaft wieder abergläubisch werden. Es treffen ja auch nicht alle Vorzeichen ein, und Sie werden aus unseren Theorien verstehen, daß sie nicht alle einzutreffen brauchen.

---

1. Nach C. G. Jung.
2. Nach A. A. Brill.
3. Nach B. Dattner.
4. Ebenso in den Sammlungen von Maeder (franz.), A. A. Brill (engl.), E. Jones (engl.), J. Stärcke (holländ.) u. a.
5. Nach R. Reitler.

III

Meine Damen und Herren! Daß die Fehlleistungen einen Sinn haben, dürfen wir doch als das Ergebnis unserer bisherigen Bemühungen hinstellen und zur Grundlage unserer weiteren Untersuchungen nehmen. Nochmals sei betont, daß wir nicht behaupten – und für unsere Zwecke der Behauptung nicht bedürfen –, daß jede einzelne vorkommende Fehlleistung sinnreich sei, wiewohl ich das für wahrscheinlich halte. Es genügt uns, wenn wir einen solchen Sinn relativ häufig bei den verschiedenen Formen der Fehlleistung nachweisen. Diese verschiedenen Formen verhalten sich übrigens in dieser Hinsicht verschieden. Beim Versprechen, Verschreiben usw. mögen Fälle mit rein physiologischer Begründung vorkommen, bei den auf Vergessen beruhenden Arten (Namen und Vorsatzvergessen, Verlegen usw.) kann ich an solche nicht glauben, ein Verlieren gibt es sehr wahrscheinlich, das als unbeabsichtigt zu erkennen ist; die im Leben vorfallenden Irrtümer sind überhaupt nur zu einem gewissen Anteil unseren Gesichtspunkten unterworfen. Diese Einschränkungen wollen Sie im Auge behalten, wenn wir fortan davon ausgehen, daß Fehlleistungen psychische Akte sind und durch die Interferenz zweier Absichten entstehen.

Es ist dies das erste Resultat der Psychoanalyse. Von dem Vorkommen solcher Interferenzen und der Möglichkeit, daß dieselben derartige Erscheinungen zur Folge haben, hat die Psychologie bisher nichts gewußt. Wir haben das Gebiet der psychischen Erscheinungswelt um ein ganz ansehnliches Stück erweitert und Phänomene für die Psychologie erobert, die ihr früher nicht zugerechnet wurden.

Verweilen wir noch einen Moment bei der Behauptung, die Fehlleistungen seien »psychische Akte«. Enthält sie mehr als unsere sonstige Aussage, sie hätten einen Sinn? Ich glaube nicht; sie ist vielmehr eher unbestimmter und mißverständlicher. Alles, was man am Seelenleben beobachten kann, wird man gelegentlich als seelisches Phänomen bezeichnen. Es wird bald darauf ankommen, ob die einzelne seelische Äußerung direkt aus körperlichen, organischen, materiellen Einwirkungen hervorgegangen ist, in welchem Falle ihre Untersuchung nicht der Psychologie zufällt, oder ob sie sich zunächst aus anderen seelischen Vorgängen ableitet, hinter denen dann irgendwo die Reihe der organischen Einwirkungen anfängt. Den letzteren Sachverhalt haben wir im Auge, wenn wir eine Erscheinung als einen seelischen Vorgang bezeichnen, und darum ist es zweckmäßiger, unsere Aussage in die Form zu kleiden: die Erscheinung sei sinnreich, habe einen Sinn. Unter Sinn verstehen wir Bedeutung, Absicht, Tendenz und Stellung in einer Reihe psychischer Zusammenhänge.

Es gibt eine Anzahl anderer Erscheinungen, welche den Fehlleistungen sehr nahestehen, auf welche aber dieser Name nicht mehr paßt. Wir nennen sie *Zufalls-* und *Symptomhandlungen*. Sie haben gleichfalls den Charakter des Unmotivierten, Unscheinbaren und Unwichtigen, überdies aber deutlicher den des Überflüssigen. Von den Fehlhandlungen unterscheidet sie der Wegfall einer anderen Intention, mit der sie zusammenstoßen und die durch sie gestört wird. Sie übergehen andererseits ohne Grenze in die Gesten und Bewegungen, welche wir zum Ausdruck der Gemütsbewegungen rechnen. Zu diesen Zufallshandlungen gehören alle wie spielend ausgeführten, anscheinend zwecklosen Verrichtungen an unserer Kleidung, Teilen unseres Körpers, an Gegenständen, die uns erreichbar sind, sowie die Unterlassungen derselben, ferner die Melodien, die wir vor uns hinsummen. Ich vertrete vor Ihnen die Behauptung, daß alle diese Phänomene sinnreich und deutbar sind in derselben Weise wie die Fehlhandlungen, kleine Anzeichen von anderen wichtigeren seelischen Vorgängen, vollgültige psychische Akte. Aber ich gedenke bei dieser neuen Erweiterung des Gebiets seelischer Erscheinungen nicht zu verweilen, sondern zu den Fehlleistungen zurückzukehren, an denen sich die für die Psychoanalyse wichtigen Fragestellungen mit weit größerer Deutlichkeit herausarbeiten lassen.

Die interessantesten Fragen, die wir bei den Fehlleistungen gestellt und noch nicht beantwortet haben, sind wohl die folgenden: Wir haben gesagt, daß die Fehlleistungen Ergebnisse der Interferenz von zwei verschiedenen Intentionen sind, von denen die eine die gestörte, die andere die störende heißen kann. Die gestörten Intentionen geben zu weiteren Fragen keinen Anlaß, aber von den anderen wollen wir wissen, erstens, was sind das für Intentionen, die als Störung anderer auftreten, und zweitens, wie verhalten sich die störenden zu den gestörten?

Gestatten Sie, daß ich wiederum das Versprechen zum Repräsentanten der ganzen Gattung nehme und daß ich die zweite Frage eher beantworte als die erste.

Die störende Intention beim Versprechen kann in inhaltlicher Beziehung zur gestörten stehen, dann enthält sie einen Widerspruch gegen sie, eine Berichtigung oder Ergänzung zu ihr. Oder, der dunklere und interessantere Fall, die störende Intention hat inhaltlich nichts mit der gestörten zu tun.

Belege für die erstere der beiden Beziehungen können wir in den uns bereits bekannten und in ähnlichen Beispielen mühelos finden. Fast in allen Fällen von Versprechen zum Gegenteil drückt die störende Intention den Gegensatz zur gestörten aus, ist die Fehlleistung die Darstellung des Konflikts zwischen zwei unvereinbaren Strebungen. Ich erkläre die Sitzung für eröffnet, möchte sie aber lieber schon geschlossen haben, ist der Sinn des Versprechens des Präsidenten. Eine politische Zeitung, die der Bestechlichkeit beschuldigt worden ist, verteidigt sich in einem Artikel, der in den Worten gipfeln soll: Unsere Leser werden uns das Zeugnis ausstellen, daß wir immer in *uneigennützigster* Weise für das Wohl der Allgemeinheit eingetreten sind. Der mit der Abfassung der Verteidigung betraute Redakteur schreibt aber: in *eigennützigster* Weise. Das heißt, er denkt: So muß ich zwar schreiben, aber ich weiß es anders. Ein Volksvertreter, der dazu auffordert, dem Kaiser *rückhaltlos* die Wahrheit zu sagen, muß eine Stimme in seinem Innern anhören, die ob seiner Kühnheit erschrickt und durch ein Versprechen das rückhaltlos in *rückgratlos* verwandelt[1].

In den Ihnen bekannten Beispielen, die den Eindruck von Zusammenziehungen und Verkürzungen machen, handelt es sich um Berichtigungen, Zusätze oder Fortsetzungen, mit denen sich eine zweite Tendenz neben der ersten zur Geltung bringt. Es sind da Dinge zum *Vorschein* gekommen, aber sag' es lieber gerad' heraus, es waren *Schweinereien*; also: es sind Dinge zum *Vorschwein* gekommen. – Die Leute, die das verstehen, kann man an den *Fingern einer Hand abzählen*; aber nein, es gibt doch eigentlich nur *einen*, der das versteht, also: an *einem Finger* abzählen. – Oder, mein Mann kann essen und trinken, was er will. Aber Sie wissen ja, *ich* dulde es überhaupt nicht, daß er etwas will; also: er darf essen und trinken, was *ich* will. In all diesen Fällen geht also das Versprechen aus dem Inhalt der gestörten Intention selbst hervor oder es knüpft an ihn an.

Die andere Art der Beziehung zwischen den beiden interferierenden Intentionen wirkt befremdend. Wenn die störende Intention nichts mit dem

Inhalt der gestörten zu tun hat, woher kommt sie denn und woher rührt es, daß sie sich gerade an solcher Stelle als Störung bemerkbar macht? Die Beobachtung, die hier allein Antwort geben kann, läßt erkennen, daß die Störung von einem Gedankengang herrührt, der die betreffende Person kurz vorher beschäftigt hatte und der nun in solcher Weise nachwirkt, gleichgültig ob er bereits Ausdruck in der Rede gefunden hat oder nicht. Sie ist also wirklich als Nachklang zu bezeichnen, aber nicht notwendig als Nachklang von gesprochenen Worten. Es fehlt auch hier nicht an einem assoziativen Zusammenhang zwischen dem Störenden und dem Gestörten, aber er ist nicht im Inhalt gegeben, sondern künstlich, oft auf sehr gezwungenen Verbindungswegen hergestellt.

Hören Sie ein einfaches Beispiel hiefür an, das ich selbst beobachtet habe. Ich treffe einmal in unseren schönen Dolomiten mit zwei Wiener Damen zusammen, die als Touristinnen verkleidet sind. Ich begleite sie ein Stück weit, und wir besprechen die Genüsse, aber auch die Beschwerden der touristischen Lebensweise. Die eine der Damen gibt zu, daß diese Art, den Tag zu verbringen, manches Unbequeme hat. Es ist wahr, sagt sie, daß es gar nicht angenehm ist, wenn man so in der Sonne den ganzen Tag marschiert ist und Bluse und Hemd ganz durchgeschwitzt sind. In diesem Satze hat sie einmal eine kleine Stockung zu überwinden. Dann setzt sie fort: Wenn man aber dann nach *Hose* kommt und sich umkleiden kann... Wir haben dies Versprechen nicht analysiert, aber ich meine, Sie können es leicht verstehen. Die Dame hatte die Absicht gehabt, die Aufzählung vollständiger zu halten und zu sagen: Bluse, Hemd und Hose. Aus Motiven der Wohlanständigkeit war die Erwähnung der Hose unterblieben, aber in dem nächsten, inhaltlich ganz unabhängigen Satz kam das nicht ausgesprochene Wort als Verunstaltung des ähnlich lautenden »nach *Hause*« zum Vorschein.

Nun können wir uns aber der lange aufgesparten Hauptfrage zuwenden, was für Intentionen es sind, die sich in ungewöhnlicher Weise als Störungen anderer zum Ausdruck bringen. Nun selbstverständlich sehr verschiedene, in denen wir aber das Gemeinsame finden wollen. Untersuchen wir eine Reihe von Beispielen daraufhin, so werden sie sich uns alsbald in drei Gruppen sondern. Zur ersten Gruppe gehören die Fälle, in denen die störende Tendenz dem Redner bekannt ist, überdies aber vor dem Versprechen von ihm verspürt wurde. So gibt beim Versprechen »Vorschwein« der Sprecher nicht nur zu, daß er das Urteil »Schweinereien« über die betreffenden Vorgänge gefällt hat, sondern auch, daß er die Absicht hatte, von der er später zurücktrat, ihm auch wörtlichen Ausdruck zu geben. Eine zweite Gruppe bilden andere Fälle, in denen die störende Tendenz vom Sprecher gleichfalls als die seinige anerkannt wird, aber er weiß nichts davon, daß sie gerade vor dem Versprechen bei ihm aktiv war. Er akzeptiert also unsere Deutung seines Versprechens, bleibt aber doch in gewissem Maße verwundert über sie. Beispiele für dieses Verhalten lassen sich von anderen Fehlleistungen vielleicht leichter geben als gerade vom Versprechen. In einer dritten Gruppe wird die Deutung der störenden Intention vom Sprecher energisch abgelehnt; er bestreitet nicht nur, daß sie sich vor dem Versprechen in ihm geregt, sondern er will behaupten, daß sie ihm überhaupt völlig fremd ist. Erinnern Sie sich an das Beispiel vom »Aufstoßen« und an die geradezu unhöfliche Abweisung, die ich mir durch die Aufdeckung der störenden Intention von diesem Sprecher geholt habe. Sie wissen, daß wir in der Auffassung dieser Fälle noch keine Einigung erzielt haben. Ich würde mir aus dem Widerspruch des Toastredners nichts machen und unbeirrbar an meiner Deutung festhalten, während Sie, meine ich, doch unter dem Eindrucke seines Sträubens stehen und in Erwägung ziehen, ob man nicht auf die Deutung solcher Fehlleistungen verzichten und sie als rein physiologische Akte im voranalytischen Sinne gelten lassen soll. Ich kann mir denken, was Sie abschreckt. Meine Deutung schließt die Annahme ein, daß sich bei dem Sprecher Intentionen äußern können, von denen er selbst nichts weiß, die ich aber aus Indizien erschließen kann. Vor einer so neuartigen und folgenschweren Annahme machen Sie halt. Ich verstehe das und gebe Ihnen insoweit recht. Aber stellen wir das eine fest: Wenn Sie die an so vielen Beispielen erhärtete Auffassung der Fehlleistungen konsequent durchführen wollen, müssen Sie sich zu der genannten befremdenden Annahme entschließen. Können Sie das nicht, so müssen Sie auf das kaum erworbene Verständnis der Fehlleistungen wiederum verzichten.

Verweilen wir noch bei dem, was die drei Gruppen einigt, was den drei Mechanismen des

Versprechens gemeinsam ist. Das ist zum Glück unverkennbar. In den beiden ersten Gruppen wird die störende Tendenz vom Sprecher anerkannt; in der ersten kommt noch hinzu, daß sie sich unmittelbar vor dem Versprechen gemeldet hat. In beiden Fällen *ist sie aber zurückgedrängt worden. Der Sprecher hat sich entschlossen, sie nicht in Rede umzusetzen, und dann passiert ihm das Versprechen, d. h. dann setzt sich die zurückgedrängte Tendenz gegen seinen Willen in eine Äußerung um, indem sie den Ausdruck der von ihm zugelassenen Intention abändert, sich mit ihm vermengt oder sich geradezu an seine Stelle setzt.* Dies ist also der Mechanismus des Versprechens.

Ich kann von meinem Standpunkt auch den Vorgang in unserer dritten Gruppe in den schönsten Einklang mit dem hier beschriebenen Mechanismus bringen. Ich brauche nur anzunehmen, daß diese drei Gruppen durch die verschieden weit reichende Zurückdrängung einer Intention unterschieden werden. In der ersten ist die Intention vorhanden und macht sich vor der Äußerung des Sprechers ihm bemerkbar; erst dann erfährt sie die Zurückweisung, für welche sie sich im Versprechen entschädigt. In der zweiten Gruppe reicht die Zurückweisung weiter; die Intention wird bereits vor der Redeäußerung nicht mehr bemerkbar. Merkwürdig, daß sie dadurch keineswegs abgehalten wird, sich an der Verursachung des Versprechens zu beteiligen! Durch dies Verhalten wird uns aber die Erklärung für den Vorgang bei der dritten Gruppe erleichtert. Ich werde so kühn sein, anzunehmen, daß sich in der Fehlleistung auch noch eine Tendenz äußern kann, welche seit längerer

Zeit, vielleicht seit sehr langer Zeit, zurückgedrängt ist, nicht bemerkt wird und darum vom Sprecher direkt verleugnet werden kann. Aber lassen Sie selbst das Problem der dritten Gruppe beiseite; Sie müssen aus den Beobachtungen an den anderen Fällen den Schluß ziehen, daß die *Unterdrückung der vorhandenen Absicht, etwas zu sagen, die unerläßliche Bedingung dafür ist, daß ein Versprechen zustande kommt.*

Wir dürfen nun behaupten, daß wir im Verständnis der Fehlleistungen weitere Fortschritte gemacht haben. Wir wissen nicht nur, daß sie seelische Akte sind, an denen man Sinn und Absicht erkennen kann, nicht nur, daß sie durch die Interferenz von zwei verschiedenen Intentionen entstehen, sondern außerdem noch, daß die eine dieser Intentionen eine gewisse Zurückdrängung von der Ausführung erfahren haben muß, um sich durch die Störung der anderen äußern zu können. Sie muß selbst erst gestört worden sein, ehe sie zur störenden werden kann. Eine vollständige Erklärung der Phänomene, die wir Fehlleistungen nennen, ist damit natürlich noch nicht gewonnen. Wir sehen sofort weitere Fragen auftauchen und ahnen überhaupt, daß sich um so mehr Anlässe zu neuen Fragen ergeben werden, je weiter wir im Verständnis kommen. Wir können z. B. fragen, warum es nicht viel einfacher zugeht. Wenn die Absicht besteht, eine gewisse Tendenz zurückzudrängen anstatt sie auszuführen, so sollte diese Zurückdrängung so gelingen, daß eben nichts von jener zum Ausdruck kommt, oder sie könnte auch mißlingen, so daß die zurückgedrängte Tendenz sich vollen Ausdruck schafft. Die Fehlleistungen sind aber Kompromißergebnisse, sie bedeuten ein halbes Gelingen und ein halbes Mißlingen für jede der beiden Absichten, die gefährdete Intention wird weder ganz unterdrückt, noch setzt sie sich – von Einzelfällen abgesehen – ganz unversehrt durch. Wir können uns denken, daß besondere Bedingungen für das Zustandekommen solcher Interferenz- oder Kompromißergebnisse vorhanden sein müssen, aber wir können auch nicht einmal ahnen, welcher Art sie sein können. Ich glaube auch nicht, daß wir diese uns unbekannten Verhältnisse durch weitere Vertiefung in das Studium der Fehlleistungen aufdecken könnten. Es wird vielmehr notwendig sein, vorher noch andere dunkle Gebiete des Seelenlebens zu durchforschen; erst die Analogien, die uns dort begegnen, können uns den Mut geben, jene Annahmen aufzustellen, die für eine tiefer reichende Aufklärung der Fehlleistungen erforderlich sind. Und noch eines! Auch das Arbeiten mit kleinen Anzeichen, wie wir es auf diesem Gebiete beständig üben, bringt seine Gefahren mit sich. Es gibt eine seelische Erkrankung, die kombinatorische Paranoia, bei welcher die Verwertung solcher kleiner Anzeichen in uneingeschränkter Weise betrieben wird, und ich werde mich natürlich nicht dafür einsetzen, daß die auf dieser Grundlage aufgebauten Schlüsse durchwegs richtig sind. Vor solchen Gefahren kann uns nur die breite Basis unserer Beobachtungen bewahren, die Wiederholung ähnlicher Eindrücke aus den verschiedensten Gebieten des Seelenlebens.

Wir werden also die Analyse der Fehlleistungen

hier verlassen. An eines darf ich Sie aber noch mahnen; wollen Sie die Art, wie wir diese Phänomene behandelt haben, als vorbildlich im Gedächtnis behalten. Sie können an diesem Beispiel ersehen, welches die Absichten unserer Psychologie sind. Wir wollen die Erscheinungen nicht bloß beschreiben und klassifizieren, sondern sie als Anzeichen eines Kräftespiels in der Seele begreifen, als Äußerung von zielstrebigen Tendenzen, die zusammen oder gegeneinander arbeiten. Wir bemühen uns um eine *dynamische Auffassung* der seelischen Erscheinungen. Die wahrgenommenen Phänomene müssen in unserer Auffassung gegen die nur angenommenen Strebungen zurücktreten.

Wir wollen also bei den Fehlleistungen nicht weiter in die Tiefe gehen, aber wir können noch einen Streifzug durch die Breite dieses Gebiets unternehmen, auf dem wir Bekanntes wiederfinden und einiges Neue aufspüren werden. Wir halten uns dabei an die Einteilung in die bereits eingangs aufgestellten drei Gruppen des Versprechens mit den beigeordneten Formen des Verschreibens, Verlesens, Verhörens, des Vergessens mit seinen Unterteilungen je nach dem vergessenen Objekte (Eigennamen, Fremdworten, Vorsätzen, Eindrücken) und des Vergreifens, Verlegens, Verlierens. Die Irrtümer, soweit sie für uns in Betracht kommen, schließen sich teils dem Vergessen, teils dem Vergreifen an.

Vom *Versprechen* haben wir bereits so eingehend gehandelt und doch noch einiges hinzuzufügen. Es knüpfen sich an das Versprechen kleinere affektive Phänomene, die nicht ganz ohne Interesse sind. Es will niemand sich gerne versprochen haben; man überhört auch oft das eigene Versprechen, niemals das eines anderen. Das Versprechen ist auch in gewissem Sinne ansteckend; es ist gar nicht leicht, über das Versprechen zu reden, ohne dabei selbst in Versprechen zu verfallen. Die geringfügigsten Formen des Versprechens, die gerade keine besonderen Aufklärungen über versteckte seelische Vorgänge zu geben haben, sind doch in ihrer Motivierung unschwer zu durchschauen. Wenn jemand z. B. einen langen Vokal kurz gesprochen hat infolge einer beliebig motivierten, bei diesem Wort eingetretenen Störung, so dehnt er dafür einen bald darauf folgenden kurzen Vokal und begeht ein neues Versprechen, indem er das frühere kompensiert. Dasselbe, wenn er einen Doppelvokal unrein und nachlässig ausgesprochen hat, z. B. ein *en* oder *oi* wie *ei*; er sucht es gutzumachen, indem er ein nachfolgendes *ei* zu *eu* oder *oi* verändert. Dabei scheint eine Rücksicht auf den Zuhörer maßgebend zu sein, der nicht glauben soll, es sei dem Redner gleichgültig, wie er die Muttersprache behandle. Die zweite kompensierende Entstellung hat geradezu die Absicht, den Hörer auf die erste aufmerksam zu machen und ihm zu versichern, daß sie auch dem Redner nicht entgangen ist. Die häufigsten, einfachsten und geringfügigsten Fälle des Versprechens bestehen in Zusammenziehungen und Vorklängen, die sich an unscheinbaren Redeteilen äußern. Man verspricht sich in einem längeren Satz z. B. derart, daß das letzte Wort der beabsichtigten

Redeintention vorklingt. Das macht den Eindruck einer gewissen Ungeduld, mit dem Satze fertig zu werden, und bezeugt im allgemeinen ein gewisses Widerstreben gegen die Mitteilung dieses Satzes oder gegen die Rede überhaupt. Wir kommen so zu Grenzfällen, in denen sich die Unterschiede zwischen der psychoanalytischen und der gemeinen physiologischen Auffassung des Versprechens vermischen. Wir nehmen an, daß in diesen Fällen eine die Redeintention störende Tendenz vorhanden ist; sie kann aber nur anzeigen, daß sie vorhanden ist, und nicht, was sie selbst beabsichtigt. Die Störung, die sie hervorruft, folgt dann irgendwelchen Lautbeeinflussungen oder Assoziationsanziehungen und kann als Ablenkung der Aufmerksamkeit von der Redeintention aufgefaßt werden. Aber weder diese Aufmerksamkeitsstörung noch die wirksam gewordenen Assoziationsneigungen treffen das Wesen des Vorgangs. Dies bleibt doch der Hinweis auf die Existenz einer die Redeabsicht störenden Intention, deren Natur nur diesmal nicht aus ihren Wirkungen erraten werden kann, wie es in allen besser ausgeprägten Fällen des Versprechens möglich ist.

Das *Verschreiben*, zu dem ich nun übergehe, stimmt mit dem Versprechen soweit überein, daß wir keine neuen Gesichtspunkte zu erwarten haben. Vielleicht wird uns eine kleine Nachlese beschieden sein. Die so verbreiteten kleinen Verschreibungen, Zusammenziehungen, Vorwegnahmen späterer, besonders der letzten Worte deuten wiederum auf eine allgemeine Schreibunlust und Ungeduld fertig zu werden; ausgeprägtere Effekte des Verschreibens lassen Natur und Absicht der störenden Tendenz erkennen. Im allgemeinen weiß man, wenn man in einem Brief ein Verschreiben findet, daß beim Schreiber nicht alles in Ordnung war; was sich bei ihm geregt hat, kann man nicht immer feststellen. Das Verschreiben wird häufig von dem, der es begeht, ebensowenig bemerkt wie das Versprechen. Auffällig ist dann folgende Beobachtung: Es gibt ja Menschen, welche die Gewohnheit üben, jeden Brief, den sie geschrieben haben, vor der Absendung nochmals durchzulesen. Andere pflegen dies nicht; wenn sie es aber ausnahmsweise einmal tun, haben sie dann immer Gelegenheit, ein auffälliges Verschreiben aufzufinden und zu korrigieren. Wie ist das zu erklären? Das sieht so aus, als wüßten diese Leute doch, daß sie sich bei der Abfassung des Briefes verschrieben haben. Sollen wir das wirklich glauben?

An die praktische Bedeutung des Verschreibens knüpft sich ein interessantes Problem. Sie erinnern sich vielleicht an den Fall eines Mörders H., der sich Kulturen von höchst gefährlichen Krankheitserregern von wissenschaftlichen Instituten zu verschaffen wußte, indem er sich für einen Bakterienforscher ausgab, der aber diese Kulturen dazu gebrauchte, um ihm nahestehende Personen auf diese modernste Weise aus dem Wege zu räumen. Dieser Mann beklagte sich nun einmal bei der Leitung eines solchen Instituts über die Unwirksamkeit der ihm geschickten Kulturen, verschrieb sich aber dabei, und an Stelle der Worte »bei meinen Versuchen an Mäusen oder Meerschweinchen« stand deutlich zu lesen, »bei meinen Versuchen an

Menschen«. Dies Verschreiben fiel auch den Ärzten des Instituts auf; sie zogen aber, soviel ich weiß, keine Konsequenzen daraus. Nun, was meinen Sie? Hätten die Ärzte nicht vielmehr das Verschreiben als Geständnis annehmen und eine Untersuchung anregen müssen, durch welche dem Mörder rechtzeitig das Handwerk gelegt worden wäre? Ist in diesem Falle nicht die Unkenntnis unserer Auffassung der Fehlleistungen die Ursache eines praktisch bedeutsamen Versäumnisses geworden? Nun, ich meine, ein solches Verschreiben erschiene mir gewiß als sehr verdächtig, aber seiner Verwendung als Geständnis steht etwas sehr Gewichtiges im Wege. So einfach ist die Sache nicht. Das Verschreiben ist sicherlich ein Indizium, aber für sich allein hätte es zur Einleitung einer Untersuchung nicht hingereicht. Daß der Mann von dem Gedanken beschäftigt ist, Menschen zu infizieren, das sagt das Verschreiben allerdings, aber es läßt nicht entscheiden, ob dieser Gedanke den Wert eines klaren schädlichen Vorsatzes oder den einer praktisch belanglosen Phantasie hat. Es ist sogar möglich, daß der Mensch, der sich so verschrieben hat, mit der besten subjektiven Berechtigung diese Phantasie verleugnen und sie als etwas ihm gänzlich Fremdes von sich weisen wird. Wenn wir später den Unterschied zwischen psychischer und materieller Realität ins Auge fassen, werden Sie diese Möglichkeiten noch besser verstehen können. Es ist dies aber wieder ein Fall, in dem eine Fehlleistung nachträglich zu ungeahnter Bedeutung gekommen ist.

Beim *Verlesen* treffen wir auf eine psychische Situation, die sich von der des Versprechens und Verschreibens deutlich unterscheidet. Die eine der beiden miteinander konkurrierenden Tendenzen ist hier durch eine sensorische Anregung ersetzt und vielleicht darum weniger resistent. Was man zu lesen hat, ist ja nicht eine Produktion des eigenen Seelenlebens wie etwas, was man zu schreiben vorhat. In einer großen Mehrzahl besteht daher das Verlesen in einer vollen Substitution. Man ersetzt das zu lesende Wort durch ein anderes, ohne daß eine inhaltliche Beziehung zwischen dem Text und dem Effekt des Verlesens zu bestehen braucht, in der Regel in Anlehnung an eine Wortähnlichkeit. Lichtenbergs Beispiel: *Agamemnon* anstatt *angenommen* ist das beste dieser Gruppe. Will man die störende, das Verlesen erzeugende Tendenz kennenlernen, so darf man den verlesenen Text ganz beiseite lassen und kann die analytische Untersuchung mit den beiden Fragen einleiten, welcher Einfall sich als der nächste zum Effekt des Verlesens ergibt und in welcher Situation das Verlesen vorgefallen ist. Mitunter reicht die Kenntnis der letzteren für sich allein zur Aufklärung des Verlesens hin, z. B. wenn jemand in gewissen Nöten in einer ihm fremden Stadt herumwandert und auf einer großen Tafel eines ersten Stockes das Wort *Klosetthaus* liest. Er hat gerade noch Zeit, sich darüber zu verwundern, daß die Tafel so hoch angebracht ist, ehe er entdeckt, daß dort streng genommen *Korsetthaus* zu lesen steht. In anderen Fällen bedarf gerade das vom Inhalt des Textes unabhängige Verlesen einer eingehenden Analyse, die ohne Übung in der psychoanalytischen Technik und ohne Zutrauen zu ihr nicht durchzuführen ist. Meist ist es aber leichter, sich die Aufklärung eines Verlesens zu schaffen. Das substituierte Wort verrät nach dem Beispiel *Agamemnon* ohne weiteres den Gedankenkreis, aus welchem die Störung hervorgeht. In diesen Kriegszeiten ist es z. B. sehr gewöhnlich, daß man die Namen der Städte und Heerführer und die militärischen Ausdrücke, die einen beständig umschwirren, überall hineinliest, wo einem ein ähnliches Wortbild entgegenkommt. Was einen interessiert und beschäftigt, das setzt sich so an Stelle des Fremden und noch Uninteressanten. Die Nachbilder der Gedanken trüben die neue Wahrnehmung.

Es fehlt auch beim Verlesen nicht an Fällen von anderer Art, in denen der Text des Gelesenen selbst die störende Tendenz erweckt, durch welche er dann meist in sein Gegenteil verwandelt wird. Man sollte etwas Unerwünschtes lesen und überzeugt sich durch die Analyse, daß ein intensiver Wunsch zur Ablehnung des Gelesenen für dessen Abänderung verantwortlich zu machen ist.

Bei den ersterwähnten häufigeren Fällen des Verlesens kommen zwei Momente zu kurz, denen wir im Mechanismus der Fehlleistungen eine wichtige Rolle zugeteilt haben: der Konflikt zweier Tendenzen und die Zurückdrängung der einen, die sich durch den Effekt der Fehlleistung entschädigt. Nicht daß beim Verlesen etwas dem Gegensätzliches aufzufinden wäre, aber die Vordringlichkeit des zum Verlesen führenden Gedankeninhalts ist doch weit auffälliger als die Zurückdrängung, die dieser vorher erfahren haben mag. Gerade diese beiden Momente treten uns bei den verschiedenen Situationen der Fehlleistung durch Vergessen am greifbarsten entgegen.

Das *Vergessen von Vorsätzen* ist geradezu eindeutig, seine Deutung wird, wie wir gehört haben, auch vom Laien nicht bestritten. Die den Vorsatz störende Tendenz ist jedesmal eine Gegenabsicht, ein Nichtwollen, von dem uns nur zu wissen erübrigt, warum es sich nicht anders und nicht unverhüllter zum Ausdruck bringt. Aber das Vorhandensein dieses Gegenwillens ist unzweifelhaft. Manchmal gelingt es auch, etwas von den Motiven zu erraten, die diesen Gegenwillen nötigen, sich zu verbergen, und allemal hat er durch die Fehlleistung aus dem Verborgenen seine Absicht erreicht, während ihm die Abweisung sicher wäre, wenn er als offener Widerspruch aufträte. Wenn zwischen dem Vorsatz und seiner Ausführung eine wichtige Veränderung der psychischen Situation eingetreten ist, derzufolge die Ausführung des Vorsatzes nicht in Frage käme, dann tritt das Vergessen des Vorsatzes aus dem Rahmen der Fehlleistung heraus. Man wundert sich nicht mehr darüber und sieht ein, daß es überflüssig gewesen wäre, den Vorsatz zu erinnern; er war dann dauernd oder zeitweilig erloschen. Eine Fehlleistung kann das Vergessen des Vorsatzes nur dann heißen, wenn wir an eine solche Unterbrechung desselben nicht glauben können.

Die Fälle von Vorsatzvergessen sind im allgemeinen so einförmig und durchsichtig, daß sie eben darum für unsere Untersuchung kein Interesse haben. An zwei Stellen können wir aber doch aus dem

Studium dieser Fehlleistung etwas Neues lernen. Wir haben gesagt, das Vergessen, also Nichtausführen eines Vorsatzes, weist auf einen ihm feindlichen Gegenwillen hin. Das bleibt wohl bestehen, aber der Gegenwille kann nach der Aussage unserer Untersuchungen von zweierlei Art sein, ein direkter oder ein vermittelter. Was unter dem letzteren gemeint ist, läßt sich am besten an ein oder zwei Beispielen erläutern. Wenn der Gönner vergißt, bei einer dritten Person ein Fürwort für seinen Schützling einzulegen, so kann dies geschehen, weil er sich für den Schützling eigentlich nicht sehr interessiert und darum auch zur Fürsprache keine große Lust hat. In diesem Sinne wird jedenfalls der Schützling das Vergessen des Gönners verstehen. Es kann aber auch komplizierter zugehen. Der Gegenwille gegen die Ausführung des Vorsatzes kann beim Gönner von anderer Seite kommen und an ganz anderer Stelle angreifen. Er braucht mit dem Schützling nichts zu tun zu haben, sondern richtet sich etwa gegen die dritte Person, bei welcher die Fürsprache erfolgen soll. Sie sehen also, welche Bedenken auch hier der praktischen Verwendung unserer Deutungen entgegenstehen. Der Schützling gerät trotz der richtigen Deutung des Vergessens in Gefahr, allzu mißtrauisch zu werden und seinem Gönner schweres Unrecht zu tun. Oder: wenn jemand das Rendezvous vergißt, das einzuhalten er dem anderen versprochen und sich selbst vorgenommen hat, so wird die häufigste Begründung wohl die direkte Abneigung gegen das Zusammentreffen mit dieser Person sein. Aber die Analyse könnte hier den Nachweis erbringen, daß die störende Tendenz nicht der Person gilt, sondern sich gegen den Platz richtet, an welchem das Zusammentreffen stattfinden soll und der infolge einer an ihn geknüpften peinlichen Erinnerung gemieden wird. Oder: wenn jemand einen Brief aufzugeben vergißt, so kann sich die Gegentendenz auf den Inhalt des Briefes selbst stützen; es ist aber keineswegs ausgeschlossen, daß der Brief an sich harmlos ist und der Gegentendenz nur darum verfällt, weil irgend etwas an ihm an einen anderen, früher einmal geschriebenen Brief erinnert, der dem Gegenwillen allerdings einen direkten Angriffspunkt geboten hat. Man kann dann sagen, der Gegenwille hat sich hier von jenem früheren Brief, wo er berechtigt war, auf den gegenwärtigen übertragen, bei dem er eigentlich nichts zu wollen hat. Sie sehen also, daß man bei der Verwertung unserer berechtigten Deutungen doch Zurückhaltung und Vorsicht üben muß; was psychologisch gleichwertig ist, kann praktisch doch recht vieldeutig sein.

Phänomene wie diese werden Ihnen sehr ungewöhnlich erscheinen. Vielleicht sind Sie geneigt anzunehmen, daß der »indirekte« Gegenwille den Vorgang als einen bereits pathologischen charakterisiert. Ich kann Ihnen aber versichern, daß er auch im Rahmen der Norm und der Gesundheit vorkommt. Mißverstehen Sie mich übrigens nicht. Ich will keineswegs selbst die Unzuverlässigkeit unserer analytischen Deutungen zugestehen. Die besprochene Vieldeutigkeit des Vorsatzvergessens besteht ja nur, solange wir keine Analyse des Falles vorgenommen haben und nur auf Grund unserer allgemeinen Voraussetzungen deuten. Wenn wir die

Analyse mit der betreffenden Person ausführen, erfahren wir jedesmal mit genügender Sicherheit, ob es ein direkter Gegenwille ist oder woher er sonst rührt.

Ein zweiter Punkt ist der folgende: Wenn wir in einer Überzahl von Fällen bestätigt finden, daß das Vergessen eines Vorsatzes auf einen Gegenwillen zurückgeht, so bekommen wir Mut, diese Lösung auch auf eine andere Reihe von Fällen auszudehnen, in denen die analysierte Person den von uns erschlossenen Gegenwillen nicht bestätigt, sondern verleugnet. Nehmen Sie als Beispiele hierfür die überaus häufigen Vorkommnisse, daß man vergißt, Bücher, die man entlehnt hat, zurückzustellen, Rechnungen oder Schulden zu bezahlen. Wir werden so kühn sein, dem Betreffenden vorzuhalten, daß bei ihm die Absicht besteht, die Bücher zu behalten und die Schulden nicht zu bezahlen, während er diese Absicht leugnen, aber nicht imstande sein wird, uns für sein Benehmen eine andere Erklärung zu geben. Daraufhin setzen wir fort, er habe die Absicht, nur wisse er nichts von ihr; es genüge uns aber, daß sie sich durch den Effekt des Vergessens bei ihm verrate. Jener kann uns wiederholen, er habe eben vergessen. Sie erkennen jetzt die Situation als eine, in welcher wir uns bereits früher einmal befunden haben. Wenn wir unsere so vielfältig als berechtigt erwiesenen Deutungen der Fehlleistungen konsequent fortführen wollen, werden wir unausweichlich zu der Annahme gedrängt, daß es Tendenzen beim Menschen gibt, welche wirksam werden können, ohne daß er von ihnen weiß. Damit setzen wir uns aber in Widerspruch zu allen das Leben und die Psychologie beherrschenden Anschauungen.

Das *Vergessen von Eigen- und Fremdnamen* sowie Fremdworten läßt sich in gleicher Weise auf eine Gegenabsicht zurückführen, welche sich entweder direkt oder indirekt gegen den betreffenden Namen richtet. Von solcher direkter Abneigung habe ich Ihnen bereits früher einmal mehrere Beispiele vorgeführt. Die indirekte Verursachung ist aber hier besonders häufig und erfordert meist sorgfältige Analysen zu ihrer Feststellung. So z. B. hat in dieser Kriegszeit, die uns gezwungen hat, so viele unserer früheren Neigungen aufzugeben, auch die Verfügung über das Erinnern von Eigennamen infolge der sonderbarsten Verknüpfungen sehr gelitten. Vor kurzem ist es mir geschehen, daß ich den Namen der harmlosen mährischen Stadt *Bisenz* nicht reproduzieren konnte, und die Analyse ergab, daß keine direkte Verfeindung Schuld daran trug, sondern der Anklang an den Namen des Palazzo *Bisenzi* in Orvieto, in dem ich sonst zu wiederholten Malen gerne gewohnt hatte. Als Motiv der gegen dies Namenerinnern gerichteten Tendenz tritt uns hier zum erstenmal ein Prinzip entgegen, welches uns später seine ganze großartige Bedeutung für die Verursachung neurotischer Symptome enthüllen wird: die Abneigung des Gedächtnisses, etwas zu erinnern, was mit Unlustempfindungen verknüpft war und bei der Reproduktion diese Unlust erneuern würde. Diese Absicht zur Vermeidung von Unlust aus der Erinnerung oder anderen psychischen Akten, die psychische Flucht vor der Unlust, dürfen wir als das letzte wirksame Motiv nicht nur fürs Namenvergessen, sondern auch für viele andere Fehlleistungen, wie Unterlassungen, Irrtümer u. a. anerkennen.

Das Namenvergessen scheint aber psycho-physiologisch besonders erleichtert zu sein und stellt sich daher auch in Fällen ein, welche die Einmengung eines Unlustmotivs nicht bestätigen lassen. Wenn einer einmal zum Namenvergessen neigt, so können Sie bei ihm durch analytische Untersuchung feststellen, daß ihm nicht nur darum Namen entfallen, weil er sie selbst nicht mag oder weil sie ihn an Unliebsames mahnen, sondern auch darum, weil derselbe Name bei ihm einem anderen Assoziationskreis angehört, zu dem er innigere Beziehungen hat. Der Name wird dort gleichsam festgehalten und den anderen momentan aktivierten Assoziationen verweigert. Wenn Sie sich an die Kunststücke der Mnemotechnik erinnern, so werden Sie mit einigem Befremden feststellen, daß man Namen infolge derselben Zusammenhänge vergißt, die man sonst absichtlich herstellt, um sie vor dem Vergessen zu schützen. Das auffälligste Beispiel hierfür geben Eigennamen von Personen, die begreiflicherweise für verschiedene Leute ganz verschiedene psychische Wertigkeit besitzen müssen. Nehmen Sie z. B. einen Vornamen wie Theodor. Dem einen von Ihnen wird er nichts Besonderes bedeuten; für den anderen ist es der Name seines Vaters, Bruders, Freundes oder der eigene. Die analytische Erfahrung wird Ihnen dann zeigen, daß der erstere nicht in Gefahr ist zu vergessen, daß eine gewisse fremde Person diesen Namen führt, während die anderen beständig geneigt sein werden, dem Fremden einen Namen vorzuenthalten, der ihnen für intime Beziehungen reserviert erscheint. Nehmen Sie nun an, daß diese assoziative Hemmung mit der Wirkung des Unlustprinzips und überdies mit einem indirekten Mechanismus zusammentreffen kann, so werden Sie erst imstande sein, sich von der Komplikation der Verursachung des zeitweiligen Namenvergessens eine zutreffende Vorstellung zu machen. Eine sachgerechte Analyse deckt Ihnen aber alle diese Verwicklungen restlos auf.

Das *Vergessen von Eindrücken und Erlebnissen* zeigt die Wirkung der Tendenz, Unangenehmes von der Erinnerung fernzuhalten, noch viel deutlicher und ausschließlicher als das Namenvergessen. Es gehört natürlich nicht in seinem vollen Umfang zu den Fehlleistungen, sondern nur insoferne es uns, am Maßstabe unserer gewohnten Erfahrung gemessen, auffällig und unberechtigt erscheint, also z. B. wenn das Vergessen zu frische oder zu wichtige Eindrücke betrifft oder solche, deren Ausfall eine Lücke in einen sonst gut erinnerten Zusammenhang reißt. Warum und wieso wir überhaupt vergessen können, darunter Erlebnisse, welche uns gewiß den tiefsten Eindruck hinterlassen haben, wie die Ereignisse unserer ersten Kindheitsjahre, das ist ein ganz anderes Problem, bei welchem die Abwehr gegen Unlustregungen eine gewisse Rolle spielt, aber lange nicht alles erklärt. Daß unangenehme Eindrücke leicht vergessen werden, ist eine nicht zu bezweifelnde Tatsache. Verschiedene Psychologen haben sie bemerkt, und der große Darwin empfing einen so starken Eindruck von ihr, daß er sich die

»goldene Regel« aufstellte, Beobachtungen, welche seiner Theorie ungünstig schienen, mit besonderer Sorgfalt zu notieren, da er sich überzeugt hatte, daß gerade sie in seinem Gedächtnisse nicht haften wollten.

Wer von diesem Prinzip der Abwehr gegen die Erinnerungsunlust durch das Vergessen zuerst hört, versäumt selten den Einwand zu erheben, daß er vielmehr die Erfahrung gemacht hat, daß gerade Peinliches schwer zu vergessen ist, indem es gegen den Willen der Person immer wiederkehrt, um sie zu quälen, z. B. die Erinnerung an Kränkungen und Demütigungen. Auch diese Tatsache ist richtig, aber der Einwand trifft nicht zu. Es ist wichtig, daß man rechtzeitig beginne mit der Tatsache zu rechnen, das Seelenleben sei ein Kampf- und Tummelplatz entgegengesetzter Tendenzen, oder nicht dynamisch ausgedrückt, es bestehe aus Widersprüchen und Gegensatzpaaren. Der Nachweis einer bestimmten Tendenz leistet nichts für den Ausschluß einer ihr gegensätzlichen; es ist Raum für beide vorhanden. Es kommt nur darauf an, wie sich die Gegensätze zueinander stellen, welche Wirkungen von dem einen und welche von dem anderen ausgehen.

Das *Verlieren und Verlegen* sind uns besonders interessant durch ihre Vieldeutigkeit, also durch die Mannigfaltigkeit der Tendenzen, in deren Dienst diese Fehlleistungen treten können. Allen Fällen gemeinsam ist, daß man etwas verlieren wollte, verschieden aber, aus welchem Grund und zu welchem Zweck. Man verliert eine Sache, wenn sie schadhaft geworden ist, wenn man die Absicht hat, sie durch eine bessere zu ersetzen, wenn sie aufgehört hat einem lieb zu sein, wenn sie von einer Person herrührt, zu der sich die Beziehungen verschlechtert haben, oder wenn sie unter Umständen erworben wurde, deren man nicht mehr gedenken will. Demselben Zweck kann auch das Fallenlassen, Beschädigen, Zerbrechen der Sache dienen. Im Leben der Gesellschaft soll die Erfahrung gemacht worden sein, daß aufgezwungene und uneheliche Kinder weit hinfälliger sind als die rechtmäßig empfangenen. Es bedarf für dies Ergebnis nicht der groben Technik der sogenannten Engelmacherinnen; ein gewisser Nachlaß in der Sorgfalt der Kinderpflege soll voll ausreichen. Mit der Bewahrung der Dinge könnte es ebenso zugehen wie mit der der Kinder.

Dann aber können Dinge zum Verlieren bestimmt werden, ohne daß sie etwas an ihrem Wert eingebüßt haben, wenn nämlich die Absicht besteht, etwas dem Schicksal zu opfern, um einen anderen gefürchteten Verlust abzuwehren. Solche Schicksalsbeschwörungen sind nach der Aussage der Analyse unter uns noch sehr häufig, unser Verlieren ist darum oft ein freiwilliges Opfern. Ebenso kann sich das Verlieren in den Dienst des Trotzes und der Selbstbestrafung stellen; kurz, die entfernteren Motivierungen der Tendenz, ein Ding durch Verlieren von sich zu tun, sind unübersehbar.

Das *Vergreifen* wird wie andere Irrtümer häufig dazu benützt, um Wünsche zu erfüllen, die man sich versagen soll. Die Absicht maskiert sich dabei als glücklicher Zufall. So z. B. wenn man, wie es einem unserer Freunde geschah, unter deutlichem

Gegenwillen einen Besuch mit der Eisenbahn in der Nähe der Stadt machen soll und dann in der Umsteigestation irrtümlich in den Zug einsteigt, der einen wieder zur Stadt zurückführt, oder wenn man auf der Reise durchaus einen längeren Aufenthalt in einer Zwischenstation nehmen möchte, aber wegen bestimmter Verpflichtungen nicht nehmen soll und man dann einen gewissen Anschluß übersieht oder versäumt, so daß man zu der gewünschten Unterbrechung gezwungen ist. Oder wie es bei einem meiner Patienten zuging, dem ich untersagt hatte, seine Geliebte telephonisch anzurufen, der aber »irrtümlich«, »in Gedanken«, eine falsche Nummer aussprach, als er mit mir telephonieren wollte, so daß er plötzlich mit seiner Geliebten verbunden war. Ein hübsches, auch praktisch bedeutsames Beispiel von direktem Fehlgreifen bringt die Beobachtung eines Ingenieurs zur Vorgeschichte einer Sachbeschädigung:

»Vor einiger Zeit arbeitete ich mit mehreren Kollegen im Laboratorium der Hochschule an einer Reihe komplizierter Elastizitätsversuche, eine Arbeit, die wir freiwillig übernommen hatten, die aber begann, mehr Zeit zu beanspruchen, als wir erwartet hatten. Als ich eines Tages wieder mit meinem Kollegen F. ins Laboratorium ging, äußerte dieser, wie unangenehm es ihm gerade heute sei, so viel Zeit zu verlieren, er hätte zu Hause so viel anderes zu tun; ich konnte ihm nur beistimmen und äußerte noch halb scherzhaft, auf einen Vorfall der vergangenen Woche anspielend: ›Hoffentlich wird wieder die Maschine versagen, so daß wir die Arbeit abbrechen und früher weggehen können.!‹

Bei der Arbeitsteilung trifft es sich, daß Kollege F. das Ventil der Presse zu steuern bekommt, d. h., er hat die Druckflüssigkeit aus dem Akkumulator durch vorsichtiges Öffnen des Ventils langsam in den Zylinder der hydraulischen Presse einzulassen; der Leiter des Versuches steht beim Manometer und ruft, wenn der richtige Druck erreicht ist, ein lautes ›Halt‹. Auf dieses Kommando faßt F. das Ventil und dreht es mit aller Kraft – nach links (alle Ventile werden ausnahmslos nach rechts geschlossen!). Dadurch wird plötzlich der volle Druck des Akkumulators in der Presse wirksam, worauf die Rohrleitung nicht eingerichtet ist, so daß sofort eine Rohrverbindung platzt – ein ganz harmloser Maschinendefekt, der uns jedoch zwingt, für heute die Arbeit einzustellen und nach Hause zu gehen.

Charakteristisch ist übrigens, daß einige Zeit nachher, als wir diesen Vorfall besprachen, Freund F. sich an meine von mir mit Sicherheit erinnerte Äußerung absolut nicht erinnern wollte.«

Von hier können Sie auf die Vermutung kommen, daß es nicht immer der harmlose Zufall ist, der die Hände Ihres Dienstpersonals zu so gefährlichen Feinden ihres Hausbesitzes macht. Sie können aber auch die Frage aufwerfen, ob es jedesmal Zufall ist, wenn man sich selbst beschädigt und seine eigene Integrität in Gefahr bringt. Anregungen, die Sie gelegentlich an der Hand der Analyse von Beobachtungen auf ihren Wert prüfen mögen.

Meine geehrten Zuhörer! Das ist lange nicht alles, was über die Fehlleistungen zu sagen wäre. Es gibt da noch viel zu erforschen und zu diskutieren.

Aber ich bin zufrieden, wenn Sie aus unseren bisherigen Erörterungen darüber eine gewisse Erschütterung Ihrer bisherigen Anschauungen und einen Grad von Bereitschaft für die Annahme neuer gewonnen haben. Im übrigen bescheide ich mich, Sie vor einer ungeklärten Sachlage zu belassen. Wir können aus dem Studium der Fehlleistungen nicht alle unsere Lehrsätze beweisen und sind auch mit keinem Beweis auf dieses Material allein angewiesen. Der große Wert der Fehlleistungen für unsere Zwecke liegt darin, daß es sehr häufige, auch an der eigenen Person leicht zu beobachtende Erscheinungen sind, deren Zustandekommen das Kranksein durchaus nicht zur Voraussetzung hat. Nur eine Ihrer unbeantworteten Fragen möchte ich am Schlusse noch zu Worte kommen lassen: Wenn die Menschen sich, wie wir's an vielen Beispielen gesehen haben, dem Verständnis der Fehlleistungen so sehr annähern und sich oft so benehmen, als ob sie deren Sinn durchschauen würden, wie ist es möglich, daß sie dieselben Phänomene doch ganz allgemein als zufällig, sinn- und bedeutungslos hinstellen und der psychoanalytischen Aufklärung derselben so energisch widerstreben können?

Sie haben recht, das ist auffällig und fordert eine Erklärung. Aber ich werde sie Ihnen nicht geben, sondern Sie langsam zu den Zusammenhängen hinführen, aus denen sich Ihnen die Erklärung ohne mein Dazutun aufdrängen wird.

---

1. Im deutschen Reichstag, Nov. 1908.

INHALT

Einleitung	1
I	15
II	35
III	63

Copyright © 2022 - FV Éditions
ISBN Ebook : 9791029913655
ISBN Paperback : 9791029913662
Alle Rechte Vorbehalten